事物掌故丛谈

校订本

乙

神仙鬼怪

杨荫深 编著

上海辞书出版社

序

神仙鬼怪之说，大多倡自道教之徒，所以愚惑人民，以信其教。其说或本诸古代传说，或袭自西来佛经，加以虚饰，及种种附会之谈，于是除人间以外，俨若别有所谓神仙与鬼怪诸世界者，其荒诞无稽，原无置辨价值。惟今人仍有奉之惟敬的，抑若实有其物，真有其事；而对于这些神仙鬼怪的由来，却未暇深究，以致明被欺瞒，还是深信无疑。本书虽云掌故，除考究其由来以外，亦隐示以人们对此四物，实不足信。不过因篇幅有限，不能尽述，故所载仅为日常所习见习闻者的二十种。举一反三，是在读者。当今之世，虽科学已见昌明，然迷信之举，仍不能废，则此书之作，当亦并非完全是浪费无意义的事罢！

杨荫深　一九四五年四月二十二日

目录 CONTENTS

一 玉皇

Emperor of Heaven

不以物易

人类未开化以前，以为冥冥之中，必有神为之主宰。而神亦如人类，名目甚多，要以天为百神之长，由天再化生诸神。其后虽文化逐渐进步，而对神的尊敬，仍不能或减，于是如古代帝王，无不祭祀诸神，尤以天神最为重视，天子且筑坛以祭，仪式十分隆重。此种天神或单称天，昊天，皇天，或复称天帝，上帝，昊天上帝，当然只是设想而已，以为真有这样一个伟大的神在上主宰，下临万民的。

但自道教兴后，则对天又有特别信仰，编造种种神话。道教本推崇老子为祖，然其后则不崇老子而崇天，抑若其教非创自人类，乃由天所降赐的，其说妄诞，自不足据，但因此民间亦信天有真神，而此真神即普通所谓玉皇上帝，在道家所谓元始天王或元始天尊者是。如晋葛洪《枕中书》云：

昔二仪未分，溟涬鸿濛，未有成形，天地日月未具，状如鸡子，混沌玄黄，已有盘古真人，天地之精，自号元始天王，游乎其中。复经四劫，天形如巨盖，上无所系，下无所依。天地之外，辽属无端，玄玄太空，无响无声，元气浩浩，如水之形。下无山岳，上无列星，积气坚刚，大柔服维，天地浮其中，展转无方，若无此气，天地不生。天者如龙，旋回云中，复经四劫，二仪始分，相去三万六千里。崖石出血成水，水生元虫，元虫生滨牵，滨牵生刚须，刚须生龙。元始天王在天中心之上，名曰玉京山。山中宫殿，并金玉饰之。常仰吸天气，俯饮地泉。复经二劫，忽生太元玉女，在石涧积血之中，出而能言，人形俱足，天姿绝妙，常游厚地之间，仰吸天元，号曰太元圣母。元始君下游见之，乃与通气结精，招还上宫。当此之时，二气絪缊，覆载气息，阴阳调和，无热无寒。天得一以清，地得一以宁，并不复呼吸气，宣合会，相柑成自然饱满，大道之兴，莫过于此。结积坚固，是以不朽。金玉珠者，天地之精也，服之与天地相毕。元始君经一劫，乃一施太元母，生天皇十三头，治三万六千岁，书为扶桑大帝东王公，号曰元阳父。又生九光玄女，号曰太真西王母，是西汉夫人。天皇受号十三头，后生地皇十一头，地皇生人皇九头，各治三万六千岁。圣真出现，受道天文，无为建初，混成天任，于今所传三皇天文，是此所宣，故能召请天上大圣及地下神灵，无所不制，故天真皇人，三天真王，驾九龙之舆是也。次得八帝，大庭氏、庖牺、神农、祝融、五龙氏等，是其苗胤也，今治五岳。

此盖袭古代盘古氏的传说，全为神话而已。而一方面当也参之以佛经，故作玄妙之谈，如《隋书·经籍志》云：

> 道经者，云有元始天尊，生于太元之先，禀自然之气，冲虚凝远，莫知其极。所以说天地沦坏，劫数终尽，略与佛经同。以为天尊之体，常存不灭，每至天地初开，或在玉京之上，或在穷桑之野，授以秘道，谓之开劫度人。然其开劫非一度矣，故有延康，赤明，龙汉，开皇，是其年号，其间相去经四十一亿万载。所度皆诸天仙上品，有太上老君，太上丈人，天真皇人，五方天帝及诸仙官，转共承受，世人莫之豫也。……自云天尊姓乐名静信，例皆浅俗，故世甚疑之。

而天尊居然也有姓名，是殆与人类无异，设想可谓离奇极了。此外《枕中书》又说："玄都玉京七宝山，周回九万里，在大罗之上。城上七宝宫，宫内七宝台，有上中下三宫如一。宫城一面二百四十门，方生八行宝林，绿叶朱实，五色芝英。上有万二千种芝，沼中莲花，径度十丈。上宫是盘古真人、元始天王、太元圣母所治，中宫太上真人、金阙老君所治，下宫九天真皇、三天真王所治。"这就是玉皇所住的地方，是在大罗天之上。至元始天尊何以称为玉皇，则以天尊居于玉京，故得此别称；然或始于小说家言，如《西游记》之类，即有玉皇大帝之说。日本人小柳司气太《道教概说》亦云"元始天尊又称玉皇上帝，其关系无明确记载"云。

二 三官

Three Taoist Gods

二 三官

三官谓天地水三官,其说始于道家,古所未有。按:《三国志·张鲁传》注引《典略》云:

光和中……汉中有张修……为五斗米道……使人为奸令祭酒,祭酒主以《老子》五千文使都习,号为奸令。为鬼吏,主为病者请祷。请祷之法,书病人姓名,说服罪之意,作三通,其一上之天,著山上,其一埋之地,其一沉之水,谓之三官手书。使病者家出五斗米以为常,故号曰五斗米师。实无益于治病,但为淫妄,然小人昏愚,竞共事之。

此即三官之由来，无非愚民而已，毫无意义可言。张修实为张衡，盖传云：“鲁祖父陵，陵死，子衡行其道，衡死，鲁复行之。”《典略》有误。其后至于北魏，又有三元之说，即今所谓上元、中元、下元。清赵翼《陔馀丛考》云：

张衡等但有三官之称，而尚未谓之三元。其以正月、七月、十月之望为三元日，则自元魏（即北魏）始。《魏书》孝文帝以太皇太后丧，诏令长至三元绝告庆之礼，是三元之名，魏已有之。盖其时方尊信道士寇谦之，三元之说，盖即谦之等袭取张衡三官之说，而配以三首月为之节候耳。《册府元龟》：『唐开元二十二年十月敕曰：道家三元，诚有科戒，今月十四日、十五日是下元斋日，都内人应有屠杀，令河南尹李适之勾当总与赎取。并令百姓是日停宰杀渔猎等。自今以后，两都及天下诸州，每年正月、七月、十月三元日，起十三至十五，兼宜禁断。』《宋史·方伎传》：『苗守信精道术书，上言三元日上元天官，中元地官，下元水官，各主录人之善恶，皆不可以断极刑事，下有司议行。』此三元之名之原委也。

按：今民间仍奉行三元，尤以中元为甚。盖皆由古代信道诸君所提倡而来，其意义实不堪问闻。又以正月、七月、十月三个月茹素，或择每月一、七、十三天茹素的，名为三官素，也无非为信仰天地水三官，可以治病而长生。然诚如《典略》所云"实无益于治病，但为淫妄"而已。

三 泰山神

God of Mount Tai

我国古以泰华衡恒嵩五山为东西南北中五岳，岳皆有神，要以东岳泰山为最著称，称其神为东岳大帝，立庙祭祀，不限泰山一区，各地也多有之，且有治鬼之说，一如释氏的阎罗王，因此很为民间所信仰，而其说则较阎罗为尤古。按:《后汉书·乌桓传》云:“其俗谓死者神灵归赤山，如中国人死者魂神归岱山也。”岱山即泰山，可知汉时已有其说。又同书《方术传》云:“许曼少常笃病，三年不愈，乃谒太山请命。”亦以泰山神主人生死之权，所以至晋张华作《博物志》，遂云:“泰山，天帝孙也，主召人魂。东方万物始，故知人生命。”泰山乃天帝孙，当然是神话，惟因此可知泰山所以能知人生命，实是由东方万物始傅会而来。因为泰山在东方，东方在古时以配春，春是万物始生的时候，既知其始，自然又知其终，所以乃有知人生命之说。以此推论，在古代可信以为真，在现代当然是不通了。

东岳之有神，原是以山为神而已，但后世居然也有人鬼而为东岳神的，一如阎罗王时常有交代的事，其说固然荒诞不足信，但也可见东岳治鬼与阎罗同。如《三国志·蒋济传》注引《列异传》云：

蒋济子既死，梦于其母曰：『儿今为泰山伍伯甚苦。有讴士孙阿将死为泰山令，乞豫属之。』母以告济，济往托焉。未几，阿果死。月余济梦儿来言：『阿为令，使儿得转录事矣。』

是以孙阿为泰山令的。又如《南史·沈僧昭传》云：

僧昭别名法朗，少事天师道士，常以甲子及甲午日夜著黄巾衣褐，醮于私室。时记人吉凶，颇有应验。自云为泰山录事，幽司中有所收录，必僧昭署名。后谓人曰：『吾昔为幽司所使，实为烦碎，今已自解。』乃开匣出黄纸书，上有一大字，字不可识。曰：『教分判如此。』

这是更为奇谈，居然阴阳皆通，殆如后世所传包拯为阎罗了。又如《北史·段晖传》云：“有童子与晖同学，二年将去，谓晖曰，吾为泰山府君子，东敕游学，今将归。言终腾虚而去。”泰山居然还有儿子，说更奇特，但宋吴曾《能改斋漫录》，亦记泰山有子，且有五人之多。据云：

京东父老相传：『东岳天齐仁圣帝有五子。惟第三子后唐封威权大将军，本朝封炳灵侯。哲宗元符二年六月，始诏四子，长为祐灵侯，次为惠灵侯，第四子为静鉴大师，第五子为宣灵侯。

这种当然无据，所以只说相传而已。但必是道家附托，于是泰山本身以外，又有所谓子了。至天齐之号，始于唐玄宗，玄宗封禅泰山，加号天齐。宋时真宗大中祥符元年，又诏加仁圣天齐王，五年又加为天齐仁圣帝。元时世祖至元十八年，诏加天齐大生仁圣帝。实则天齐故有其祠，不能加于泰山，如清赵翼《陔馀丛考》云：

天齐之名，盖本《史记·封禅书》：『齐所以为齐，当天齐也。』故假借用之，以为峻极于天之意。然《封禅书》：『八神祠，一曰天主，祠天齐。天齐渊水，居临淄南郊；二曰地主，祠泰山梁父。』则泰山与天齐各为一祠，本不相涉。况天齐云者，谓当天之中，如天之脐也。今乃不顾其本义，但取其字之可通而剽剥附会之，盖出于张说之舞文也。

此外据《五岳真形图》云，泰山神姓岁名崇，则不知何据。唐段成式《酉阳杂俎》又以为刘翁，其说云：

> 天翁姓张名坚，字刺渴，渔阳人。少不羁，无所拘忌。常张罗得一白雀，爱而养之。梦天刘翁责怒，每欲杀之，白雀辄以报坚，坚设诸方待之，终莫能害。天翁遂下观之，坚盛设宾主，乃窃骑天翁斗乘白龙，振策登天，天翁乘余龙追之不及。坚既到元宫，易百官，杜塞北门，封白雀为上卿侯，改白雀之胤，不产于下土。刘翁失治，徘徊五岳作灾，坚患之，以刘翁为泰山太守，主生死之籍。

这真是奇谈，天翁竟会被凡人夺了高位，而反降做泰山太守。不知段氏此说，根据何书，抑道家有此传说的？

四 城隍神

Town God

旧时各郡县皆有城隍庙，庙祀城隍神，管理一城，一如郡县的有司官。按：城隍之名，始见于《易·泰卦》："城复于隍。"清王敬哉《冬夜笺记》引《礼》："天子大蜡八，伊耆氏始为蜡。"注："伊耆，尧也。蜡神八，水庸居其七，水则隍也，庸则城也。"以为："祭城隍实始于尧时。"然当时尚无城隍之名，且尧时年代湮远，似未足信。惟《春秋》有郑灾"祈于四鄘""宋灾用马于四鄘"之说，鄘与庸同，亦即城也，则春秋时确有祀城隍的，然名称仍不类。据《太平府志》(《五礼通考》引)云："城隍庙在府承流坊……赤乌二年创建。"赤乌为三国时吴大帝孙权年号，是吴时已有城隍庙了。清梁绍壬《两般秋雨庵随笔》，亦以为："城隍之有庙，则始于吴。"下即引《太平府志》之说。然《太平府志》不知又据于何书，抑民间传说如是耶？考正史之记载祀城隍神者，要以《北齐书·慕容俨传》为最早，《传》云：

慕容俨镇郢城，始入，便为梁大都督侯瑱、任约率水陆军奄至城下。俨随方御备，瑱等不能克。又于上流鹦鹉洲上造荻蔑竟数里，以塞船路，人信阻绝。城守孤悬，众情危惧，俨导以忠义，又悦以安之。城中先有神祠一所，俗号『城隍神』，公私每有祈祷，于是顺士卒之心，乃相率祈请，冀获冥祐。须臾冲风欻起，惊涛涌激，漂断荻蔑。约复以铁锁连缉，防御弥切。俨还共祈请，风浪夜惊，复以断绝。如此者再三，城人大喜，以为神助。

既云俗号“城隍神”，则六朝已有城隍庙，可无疑义。然其时似尚未遍设，故有神祠俗号之说，否则如后世殆成公制，无所谓俗号了。又《隋书·五行志》云：“梁武陵王纪祭城隍神，将烹牛，忽有赤蛇绕牛口。”亦足证六朝确有城隍之祀的。至于唐代，则所祀已渐普遍，惟初年似限于吴越，如唐李阳冰《缙云县城隍记》云：“城隍神祀典所无，惟吴越有之。”其后则张说、张九龄、杜甫、韩愈、杜牧、李商隐等均有祭城隍诗文，所祀已不限于吴越了，宋陆游《宁德县城隍记》所谓“唐以来郡县皆祭城隍”是也。至五代后梁时，一度改为墙隍，如钱镠有《重修墙隍神庙碑记》，书大梁开平二年，岁在武辰。顾炎武《日知录》以为：“以城为墙，以戊为武，盖以朱全忠父名诚，曾祖名茂琳，故避其嫌名而改。”自是以后，城隍神乃为人所重视，历代帝王，多加封号，如后唐废帝清泰元年，封之为王；元文宗天历二年，又封及其夫人；至明初封爵更有等级，但不久废去，又定其庙制，如《明史·礼志》所云：

城隍，洪武二年……命加以封爵：京都为承天鉴国司民升福明灵王；开封、临濠、太平、和州、滁州皆封为王；其余府为鉴察司民城隍威灵公，秩正二品；州为鉴察司民城隍灵佑侯，秩三品；县为鉴察司民城隍显佑伯，秩四品；衮章冕旒，俱有差，命词臣撰制文以颁之。三年，诏去封号，止称某府州县城隍之神；又令各庙屏去他神，定庙制，高广视官署厅堂，造木为主，毁塑像舁置水中，取其泥涂壁，绘以云山。

然其后似又恢复原制，至今各地城隍神除神主外，无不再有塑像的。城隍神本为城隍之神而已，但后世又变为司民之神。唐张九龄《祭荆州城隍文》有“城隍是保，甿庶是依”之说，则当时已有此意了。所以至今有传说人死之后，必先到城隍神前，然后再至阴府。宋时城隍神还应为民治祟，如宋洪迈《夷坚志》所载：

> 南京张通判之次子患瘵疾累年，危困已极，巫卜者多云有祟。会路当可与数客经过至京，张闻其行法有功，捧刺往谒……乞垂拯救。至是，摄衣正坐……俄见……一金紫伟人，当前致礼，罄折足下。路诘之曰：『尔为城隍神，知张氏有鬼祟，何不擒捉？』对曰：『见擒在此。』众不觉肃然，吏卒拥一少年，满身被血，恸哭久之。问曰：『汝为谁？』曰：『身是张家长子，生前因不肖，贻怒大人，遂与舍弟同谋见杀。……若父怒其子，分所甘受；至于弟杀兄……在理难堪，此某之所以作祟也。』路委曲开谕之……然后从命，倏忽俱不见。

这当然是道士们故示其尊，竟可役使城隍神，但城隍神之应司民事，于此更得一确证了。

又城隍神本来无姓名可言，但至后世有以人死而为城隍神的，于是城隍神也有姓名了。其始或在宋时，如清梁绍壬《两般秋雨庵随笔》云：

> 以神鬼为城隍者，见于《宋史·苏缄传》：『缄殉节于邕州，交州人呼为苏城隍。』其后范旺守城死，邑人为像城隍以祭。本朝查初白先生言，今江西城隍为灌婴，杭州城隍为南海周公新。其他如粤省以倪文毅为城隍，雷州以陈冯宝为城隍，英德以汉纪信为城隍，诸如此者，不可胜纪。按：城隍乃主城郭之神，而世传为治阴间之事，则观《夷坚志》。今七月二十四日为都城隍诞辰，相传是日为筑城之始云。

按：《明史·礼志》以五月十一日为都城隍神诞，则明清是不同的。

五 文昌

God of Literature

俗以文昌为文学之神，所以旧时学校多崇祀之，文人尤为信仰，以为可得功名。相传神姓张名恶子，居蜀的梓潼，故亦称梓潼帝君。道家谓帝命掌文昌府事，及人间禄籍。然张恶子实为一人蛇不经之物，据说后来做陷河神的，如《太平广记》引《王氏见闻》云：

陷河神者，巂州巂县有张翁夫妇，老而无子，翁日往溪谷采薪以自给。无何，一日于岩窦间刃伤其指，其血滂注，滴在一石穴中，以木叶窒之而归。他日复至其所，因抽木叶视之，乃化为一小蛇。翁取于掌中戏玩……因截竹贮而怀之，至家，则啖以杂肉。如是甚驯扰，经时渐长。……忽一夕，雷电大震，一县并陷为巨湫，渺弥无际，唯张翁夫妇犹存。其后人蛇俱失，因改为陷河县，曰蛇为张恶子。尔后姚苌游蜀，至梓潼岭上，憩于路傍，有布衣来谓苌曰：『君宜早还秦，秦人将无主，其康济者在君乎！』请其氏，曰：『吾张恶子也，他日勿相忘。』苌还后，果称帝于长安，因命使至蜀求之，弗获，遂立庙于所见之处，今张相公庙是也。

是张恶子乃一蛇妖，道家何以命掌文昌府事，实为莫名其妙。所以如《明史·礼志》云：

弘治中，尚书周洪漠等议祀典云，梓潼帝君者，记云神姓张名恶子，居蜀七曲山，仕晋战殁，人为立庙，唐宋屡封至英显王。道家谓帝命梓潼掌文昌府事，及人间禄籍，故元加号为帝君，而天下学校亦有祠祀者。景泰中，因京师旧庙辟而新之，岁以二月三日生辰遣祭。夫梓潼显灵于蜀，庙食其地为宜。文昌六星，与之无涉，宜敕罢免。

亦以张恶子为文昌帝君，殊不类，故有此议。然明王世贞《宛委馀编》则信即此张恶子，而引其所著《化书》云：

神本黄帝子，名挥，始造弦张罗网，因以张为氏。周时为山阴张氏子，以医术事周公，卒，托生于张无忌妻黄氏，为遗腹子，《诗》所谓『张仲孝友』者也。以直谏为幽王所鸩，魂游雪山，治蜀有功，五丁拔山蛇压死蛇即其所化也。寻为汉帝子，曰赵王如意，为吕后所杀，魂散无归。孝宣世，至邛池，其令曰吕年，即吕后之后身也。母戚夫人亦生子于戚，嫁张翁，老无子，相与沥血石白中，祝曰：『我无子，倘得一动物，亦遗体也。』自是感生为蛇。吕令有马，乃吕产后身，蛇辄食之，吕令怒，系张夫妇，将杀之，蛇遂扬海水作雨，灌城邑皆陷，所谓陷河也。以所杀多，谴为邛池龙，受热沙小虫之苦，遇文殊皈依诚，脱罪复生于赵国张禹家，名勋，为清河令。卒，又生为张孝仲，时顺帝之永和间也。西晋末，复生于越隽张氏，年七十三入石穴，悟道而化。改形入咸阳，见姚苌。后苌入蜀，至梓潼岭，神谓之曰：『君还秦，秦无主，其在君乎？』请其氏，曰：『张恶子也。』后苌即其地立张相公庙。唐僖宗幸蜀，神又出迎，帝解佩赐之，还日，赐遗无算。

此言神自黄帝以至唐代，时有显迹，当然是道家附会之谈。然仍知其为梓潼神，而未明与文昌的关系。据清赵翼《陔馀丛考》云：

按：叶石林《崖下放言》，记蜀有二举人，行至剑门张恶子庙夜宿，各梦
诸神预作来岁状元赋，甚灵异。高文虎《蓼花洲闲录》亦载此事，然则张
恶子之显灵于科目，盖自宋始。亦自宋之蜀地始，《朱子语类》所谓『梓
潼与灌口二郎两个神几乎割据了两川』也。世人因其于科日事有灵异，
元时遂以文昌帝君封之，前明又以文昌额其宫，而张恶子之为文昌帝君，
遂至今矣。明都卬《三馀赘笔》则谓：『梓潼乃四川地，四川上直参宿，
参有忠良孝谨之象，其山水深厚，为神明所宅。或又谓斗魁为文昌六府，
主赏功进爵，故科名之士多事之。』此二说理虽较长，然皆从文昌二字之
说，而于张恶子之所以称文昌，则毫无干涉也。

是因宋时有此显迹，故得文昌之号，初不必因其生前无文学之名，为神就不能主文籍之事。盖凡神之类，原皆由附会而来，殊难有所追究。文昌祠既祀梓潼帝君，则自为张恶子无疑，何必定要追究他的过去呢？定要追究，则天下根本无神可说的。

六 关帝

Lord Guan

关帝 古来以名臣大将祀之为神的，历代不乏其人，但未有如关羽的被人崇敬，以至遍国皆然，上自帝王，下至妇孺，无不视之如真神无异。

古来以名臣大将祀之为神的，历代不乏其人，但未有如关羽的被人崇敬，以至遍国皆然，上自帝王，下至妇孺，无不视之如真神无异，其原因实由道家所提倡，所以得如此普遍的。考关羽的被祀为神灵，实始于宋。清赵翼《陔馀丛考》云：

鬼神之享血食，其盛衰久暂，亦若有运数而不可意料者。凡人之殁而为神，大概初殁之数百年，则灵著显赫，久则渐替。独关壮缪在三国、六朝、唐、宋皆未有禋祀，考之史志，宋徽宗始封为忠惠公，大观二年加封武安王。高宗建炎二年加壮缪武安王，孝宗淳熙十四年加英济王，祭于荆门当阳县之庙。元文宗天历元年加封显灵威勇武安英济王，明洪武中复侯原封。万历二十二年因道士张通玄之请，进爵为帝，庙曰英烈。四十二年又封三界伏魔大帝神威远镇天尊关圣帝君，又封夫人为九灵懿德武肃英皇后，子平为竭忠王，兴为显忠王，周仓为威灵惠勇公，赐以左丞相一员为宋陆秀夫，右丞相一员为张世杰。其道坛之三界馘魔元帅，则以宋岳飞代；其佛寺伽蓝，则以唐尉迟恭代。刘若愚《芜史》云：『太监林朝所请也。』继又崇为武庙，与孔庙并祀。本朝顺治九年，加封忠义神武关圣大帝。今且南极岭表，北极寒垣，凡儿童妇女，无有不震其威灵者，香火之盛，将与天地同不朽，何其寂寥于前，而显烁于后？岂鬼神之衰旺亦有数耶？

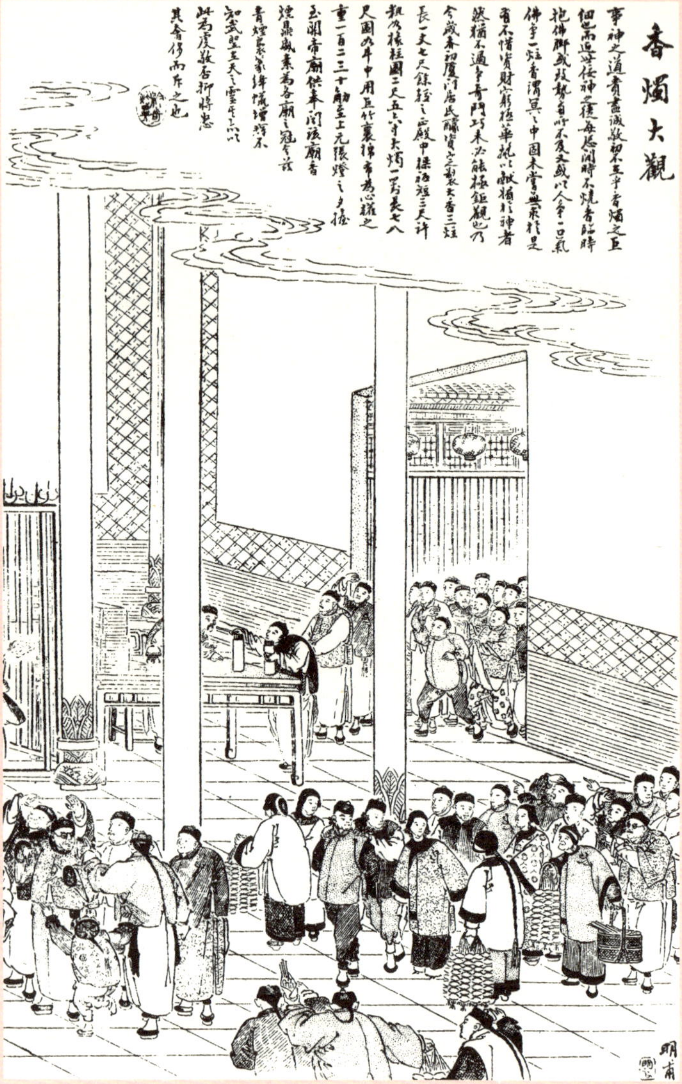

关帝

《陔馀丛考》云："顺治九年，加封忠义神武关圣大帝……凡儿童妇女，无有不震其威灵者，香火之盛，将与天地同不朽，何其寂寥于前，而显烁于后？岂鬼神之衰旺亦有数耶？"

此言关羽之被祀及宋以后加封情形，甚为详明，可知事起于宋，前代实无所闻。至明更甚，乃由道家推崇而来。至道家何以推崇关羽，据明陶辅《桑榆漫志》云：

关侯听天师召，使受戒护法。乃陈妖僧智𫖮，宋佞臣王钦若附会私言，至于降神助兵诸怪诞事，又为腐儒收册，疑以传疑。

观此所述，则关羽因曾听天师之召，受戒护法，故道家特加推崇若是，是诚关羽有灵，将痛哭于九泉下罢！但因此而得庙食遍南北，是亦全赖道家之功了。至于降神助兵诸怪诞事，今《关帝全书》中所载甚多，诚不可信。且道家又伪造《关圣帝君觉世真经》一书，虽旨在劝世，然不能不为关氏叫冤的。至以关氏为佛寺伽蓝之说，乃后人附会而来，明郎瑛曾辟其妄，他在《七修类稿》里说：

玉泉显圣，罗贯中《三国志演义》欲伸公冤，既援作普净之事，复轃合《传灯录》中六祖以公为伽蓝之说，故僧家即妄以公与颜良为普安侍者。殊不知普净公之乡人，曾相遇以礼；而普安元僧，江西人，隔绝甚远，何相干涉？是因伽蓝为监从之神，普安因人姓之同，遂认为监坛门神侍者之流也，此特亵公之甚。

按:《元史》亦有"世祖尊崇佛教,用汉关壮缪为监坛"之说,则其事似起于元。

又关氏生日世传为五月十三日,惟据元普颜花《关王庙碑》云:"荆楚之人相传,王于六月二十四日生,子平于五月十三日生。"又清冯景《解州断碑记》亦云:"桓帝三年庚子六月二十四日生侯,侯长娶胡氏,灵帝光和元年戊午五月十三日生子平。"则今所谓五月十三日的,实为其子诞日而非关的本身。然《明史·礼志》亦定五月十三日为关诞日致祭,岂当时礼官未有所考?荆楚传说不得而知。断碑一事,据云是:"康熙十七年,解州常平村人于昌者读书塔庙,庙壮缪故居也。昼梦壮缪授以易碑二字,惊悟,适见浚井者得巨碑数段,昌合而读之,乃记壮缪之祖考讳字生卒。"然赵翼《陔馀丛考》已辟其谬,云:"壮缪殁后,子孙在蜀,解州故乡尚属魏、晋,此碑何时何人所立,并不附见。四可疑也。"

又关在曹操时,操曾表为汉寿亭侯,汉寿为地名,亭侯乃爵名，后人往往以汉为汉，以寿亭侯为侯名，实误。故明初鸡鸣山建庙时止称寿亭侯，后至嘉靖十年太常卿黄芳奏，乃改称汉前将军汉寿亭侯，然至今犹多有此误称的。

七 灶神

Kitchen God

灶之有神，实始于古之祀灶。按：古有五祀，如《礼记·月令》及《吕氏春秋》所载，孟春祀户，孟夏祀灶，季夏祀中霤（室中），孟秋祀门，孟冬祀行（《淮南子》作祀井）。其所以祀此五事，据《白虎风》云："五祀，门户井灶中霤也，人之所处出入所饮食，故为神而祀之。祭五祀，天子诸侯以牛，卿大夫以羊，一说户以羊，灶以雉，中霤以豚，门以犬，井以豚。"可知古时对于五祀，极为重视，此风直至清代，凡帝王皆尊祀之，历代不衰，惟时期稍有变更而已。

但此种五祀，民间并不举行。今民间祀灶，时在季冬，故实与古制不同。且五祀中祀灶，也并非定在灶前举行，或祀于庙，或祀于宫。惟因此以灶亦有神，则彼此正同；且此灶神的由来，古今说法颇多，如柴萼《梵天庐丛录》所云：

灶为五祀之一，昉于有夏。《淮南子》曰：『炎帝作火官死而为灶神。』汪葵《事物会源》以黄帝为灶神。《风俗通》以颛顼子重黎为灶神。

《五经异义》以高阳氏后苏吉利为灶神。《敬灶全书》又有东南西北中五方灶神之目。《酉阳杂俎》谓灶君名隗，状如美女；又姓张名单，字子郭，夫人字庆忌，有六女，皆名察洽。或云神名浩，又名髻。

按：汉高诱注《吕氏春秋》，云："吴回回禄之神，托于灶，是月火王，故祀之也。"又注《淮南子》云："祝融吴回为高辛氏火正，死为火神，托祀于灶，是月火王，故祀灶。"是以灶神本为火神，名吴回。据《史记》，黄帝之孙为颛顼高阳氏，曾孙为帝喾高辛氏。如柴氏所引，则黄帝以后皆灶神，究不知谁是谁非了。此种自系传说，原不足凭，而唐段成式《酉阳杂俎》则以灶神为张单，且有字号，又不知所据何书。按：道家亦重视灶神，姓张之说，岂以为张陵的同族吗？自云或名浩，又名髻。按：古灶亦作窖，见《说文》。刘熙《释名》以为："灶，造也，造创食物也。"此浩名或即由窖造诸字而像作的。又《庄子·达生篇》云"灶有髻"，注谓："髻，灶神，著赤衣状如美女。"是髻名当从此出的。

五祀祀灶虽在孟夏，但古时民间确也有在腊月祀灶的，如《后汉书·阴识传》云：

阴子方者，至孝有仁恩，腊日晨炊，而灶神形见，子方再拜受庆。家有黄羊，因以祀之。自是已后，暴至巨富，田有七百余顷，舆马仆隶，比于邦君。子方常言我子孙必将强大，至识三世，而遂繁昌，故后常以腊日祀灶而荐黄羊焉。

云腊日当在腊月内的。惟此祀法,仍与后世不同。按:今以十二月二十三或二十四夜祀灶,几乎家家必行。晋周处《风土记》云:"腊月二十四日夜祀灶,谓灶神翌日上天,白一岁事,故先一日祀之。"是晋时已有此风,或始于六朝。上天白事之说,当由道家虚饰而来,因此灶神无形之间,成为一家之主神了,遂又有司命之称。按:司命本为上台星名,《晋书·天文志》所谓:"三台六星,两两而居……西近文昌二星曰上台,为司命,主寿。"又五臣注《楚辞》,亦云:"司命主知生死,辅天行化,诛恶护善也。"祀灶本以为祀火神,故时在六月;其后乃由火神而为司命,于是不得不改在十二月,以便将一年家事,白于上天。此种转变,亦当由道家附会而来,可使人更置信。

但何以规定为二十三夜或二十四夜祀灶呢?那因为灶神来回共须七日。清吴曼云《江乡节物词》所谓:"迎神薪突正衣冠,灶马纷纷乍解鞍。来复只须占七日,笑他人说上天难。"这话是不错的。因为七日,月大则应为二十四日，月小应为二十三日。《风土记》说“翌日上天”，此说与后不同，后多于当夜就上天了。今各地或在二十三夜，或在二十四夜，无形中已有规定，那是并不再计月大月小了。

又古时祀灶皆用牲，如上引《白虎通》天子诸侯以牛，大夫以羊，阴子方也用羊的，绝无如今只用素物。按：此又是道家之说，盖道家供祀鬼神，皆用素物。灶神既是他们所祀之一，故亦规定如是了，而人们不知，以为灶神茹素，真是臆说之尤者。

八 门神

Door-god

古有门户井灶中霤五祀，是门亦有门神，故以祀之。但此所谓门神，并无所指。今以神像绘，贴门上，左右各一，则别有所据，且较为晚起。本节所述，即指那晚起的门神。按：汉蔡邕《独断》云：

海中有度朔之山，上有桃木，蟠屈三千里，卑枝东北有鬼门，万鬼所出入也。神荼与郁垒二神居其门，主阅领诸鬼；其恶害之鬼，执以苇索食虎。故十二月岁竟，画荼垒并悬苇索于门户以御凶也。

是此风或始于汉时。门神即神荼郁垒。虽属传说，要亦有所据的。故梁宗懔《荆楚岁时记》云：“正月一日……绘二神贴户左右，左神荼，右郁垒，俗谓之门神。”惟据梁刘昭《后汉书·礼仪志》注云：

《山海经》曰：东海中有度朔山，上有大桃树，蟠屈三千里。其卑枝门曰东北鬼门，万鬼出入也。上有二神人，一曰神荼，一曰郁儡，主阅领众鬼之恶害人者，执以苇索，而用食虎。于是黄帝法而象之，敺除毕，因立桃梗于门户上，画郁儡持苇索以御凶鬼，画虎于门，当食鬼也。

则郁垒又作郁儡，垒儡音同，当可通用。惟云“黄帝法而象之”，未免过古。按：汉应劭《风俗通》亦载其事，谓：“黄帝上古之时，有神荼与郁垒兄弟二人，性能执鬼。”则以此二神为黄帝时人，黄帝未必就“法而象之”的。又汉高诱注《国策·齐策》桃梗云：“东海中有山名曰度朔……上有二神人，一曰荼与，一曰鬱雷。”以荼与与鬱雷作神荼与郁垒读，恐系传说，盖他书均未作如此读的。

但至后世又不以此二神为门神，或谓镇殿将军，或谓温岳二神，或谓秦叔宝与尉迟敬德，其说纷纷，如清顾禄《清嘉录》云：

除夕夜分易门神，俗画秦叔宝、尉迟敬德之像，彩印于纸，小户贴之。案：赵与旹《宾退录》云：『除夕用镇殿将军二人，甲胄装门神，亦曰门丞。』今道家谓左曰门丞，右曰户尉。吴谷人《新年杂咏》小序云：『门为五祀之一，司门之神，昉自桃符，以神荼郁垒能辟邪也。』袁褧《枫窗小牍》：『靖康以前，汴中门神多番样，戴虎头盔，王公之门至以浑金饰之。识者谓虎头男金饰，便是金人在门。』

神仙鬼怪

《杂志》又称：『后世多画将军朝官，复加爵鹿蝠喜宝马瓶鞍之状，皆取美名，以迎嘉祉。』家雪亭《土风录》云：『俗多用秦叔宝、尉迟敬德，盖本唐小说也。』……《吴县志》谓：『门神彩画五色，多写温岳二神之像。』

按：此除吴说外，余说皆不认荼垒为门神。赵乃宋人，是宋时乃画镇殿将军模样，并无实指何人，取其威武而已。《杂志》不知何人所撰，明冯应京《月令广义》亦云："近画门神为将军朝官，或复加爵鹿蝠蟢宝马瓶鞍等状，皆取美名以迎祥祉，世俗沿传，莫考其何昉也。"则与宋又为异制，盖由二将军变为一将军一朝官了。而《吴县志》所谓温岳二神，温岳又不知为何人？至顾氏所谓秦琼（叔宝）与尉迟恭（敬德）二人，虽本云唐小说，其风始于清时，否则冯氏何云"莫考其何昉"？按：《三教搜神大全》亦云：

户神，唐秦叔宝胡敬德二将军也。按：传，唐太宗不豫，寝门外鬼魅呼号。太宗以问群臣，秦叔宝奏云：『愿同胡敬德戎装立门外以伺。』太宗可其奏，夜果无事，因命画工绘二人之像悬宫门，邪祟以息。后世沿袭，遂永为门神。

惟尉迟敬德作胡敬德，其由来盖即为此。今所画门神，一白脸一黑脸，当亦为秦尉迟二人，非古所谓荼垒了。又据清恽敬《大云山房杂记》云："《汉书·广川王去疾传》，殿门画成庆短衣大袴长剑，此门神之始。"则又指为成庆，其说虽较荼垒为后，而较秦胡为前。按：成庆为古勇士，见《淮南子》，或云即刺秦始皇不中的荆轲，不知确否？然此仅为一人，恐非后世门神之所昉的。

九 财神

God of Wealth

庙祀财神

财神之说，于古未闻，今则信之者实较他神为夥，尤其是商人们更奉之毕恭毕敬，岁时致祭，以为财源的来，全赖此神降临。

财神之说，于古未闻，今则信之者实较他神为夥，尤其是商人们更奉之毕恭毕敬，岁时致祭，以为财源的来，全赖此神降临。因想得财而虚设财神，这实在是一种最无意义的举动。

考财神的由来，或谓财神即五路神，或谓即古之行神，如清顾禄《清嘉录》云：

> 正月初五日，为路头神，诞辰金锣爆竹，牲醴毕陈，以争先为利市，必早起迎之，谓之接路头。案《无锡县志》：『五路神姓何名五路，元末御寇死，因祀之。』今俗所祀财神曰五路，似与此五路无涉。或曰即陈黄门侍郎先希冯公之五子，当黄门建祠翠微之阳，并祀五侯，见元初《石函小谱》及崇祯间《武陵小史》。明初号五显灵顺庙，曰显聪、显明、显正、显直、显德。姑苏上方山，香火尤盛，号为五圣……康熙间，汤文正斌巡抚江苏，毁上方祠，不复正五显为五通之所讹，而祀者皆有禁矣，因更其名曰路头，亦曰财神。予谓今之路头，是五祀中之行神，所谓五路，当是东西南北中耳。黎里汝秋士亦为是行神，尝有诗云：『人为利所昏，所见不非利。路头古行神，今作财神例。门户与中霤，我乡已废祀。祀灶并祀行，五祀犹存二。粔籹堆满盘，媚灶值廿四。虽等燔柴愚，尚不失祭义。云何年初五，相传路头至？神或临其

财神 《道教源流》云："以三月十五日为此神之诞辰，家家筑斋坛于北方，而烧牛酒以飨之。"

室，获利亿万计。拜跪肃衣冠，馈献罗酒食。所祷非所司，明神应吐弃。谁欤矫其失，工俗重为祭。供虽异饩羊，爱礼情自挚。有功当报享，尚及猫虎类。况此路头神，司行职攸寄。丈夫志四方，驰驱所有事。要皆邀神庥，明禋敢或替。去其谬悠论，引之合礼意。行神非财神，慎勿紊祈衈。』

是据顾氏之说，旧传为五路神，他则考定为古的行神。按：道家亦有财神之说，如傅代言《道教源流》列道教所祀鬼神，即有此神，云："以三月十五日为此神之诞辰，家家筑斋坛于北方，而烧牛酒以飨之。又正月五日为接路头神之诞辰，皆于初四日夜半鸣金锣燃爆竹以迎之。"是以财神有两种，一即财神，一为路头神。总之，此种神灵，虚无妄诞，皆为后人附会而已，当然没有真有此神可说的。

一〇 土地

Local God of the Land

土地之为神，现在认为神之最下级者，大抵立专祠者较少，只附在神庙或桥亭等处祀之。俗亦多不称神，而称为土地公公。考土地神的由来，清顾禄《清嘉录》以为始于古之土示地示。他说：

案：《周礼·春官》，大示而外，有土示地示，此后代土地神所由名也。土示，五土之示，即社也；地示，地之百示。今祀典自有社稷坛，而民间复立土地庙者，社坛，古之国社，后代谓之官社；民间土地祠，《礼记》之《祭法》篇注称：『大夫以下包士庶，成群聚而居，满百家以上，得立社』。即后代之里社也。古二十五家为社。《明史》：『里社每里一百户，立坛一所，祀五土五谷之神。』《左氏传》昭公二十九年『社稷之神为上公』。又杜氏注用币于社，谓：『请救于上公。』《后汉书·方术传》有『社公』之名，是天下之社神，宜通谓之公，后讹为土地公公，且茧袍乌帽，装扮白发翁矣。俗又各立名字，更非古制，如陈确庵《尉迟土地庙序》云：『社以祀山林川泽原隰之神，谓之地祇；庙以祀先代之有功德者，谓之人鬼。今土地庙乃有陆宣公，子胥，武侯，卫公之称，则合地祇人鬼而一也。』

盖古时祭地之神，名目殊多，社乃其一，而又有官民之分，官社即今所谓社稷坛，与稷并祀；民社乃立于村里的，今则已多废置，而所谓土地神者，即由此而出，故较之官社，实为卑下。按：明郎瑛《七修类稿》有云：

太祖常微行，遇一监生，同饮于酒家，奈坐已满，回观惟有土神之几，太祖遂移神于地曰：『且让我！』因对饮问生曰：『何处人？』生曰：『重庆。』帝因出对曰：『千里为重，重水重山重庆府。』生对：『一人成大，大邦大国大明君。』帝甚喜。散后，酒主复延土神上坐。是夜梦神曰：『皇帝命我不可上坐。』方疑之，则闻朝廷召昨日饮酒监生与官矣，然后知太祖焉。故今天下土地，多坐于下。

此虽传说，但也可信为真，可知土地神是不被人所重视（梦说当然不足凭）。又清赵翼《陔馀丛考》云：

今翰林院及吏部所祀土地神，相传为唐之韩昌黎，不知其所始。按《夷坚志》：『湖州乌镇普静寺，本沈约父墓，约官于朝，尝每岁一归祭扫；其反也，梁武帝辄遣昭明太子远迎之。约不自安，遂迁葬其父于金陵，而舍墓为普静寺，故寺僧祀约为土地神。』又《宋史·徐应镳传》：『临安太学本岳飞故第，故飞为太学土地神。』今翰林吏部之祀昌黎，盖亦仿此。

是各处土地神多以人鬼升任，其风或始于六朝的。然今土地神所塑，诚如《清嘉录》所云，“茧袍乌帽，装扮白发翁”者，此盖无确实姓名可指，故塑作如此罢！

二一 天妃

Heavenly Consort

（天妃：福建、广东、台湾一带称之为妈祖
——编者注）

今各地多有天妃宫，或称天后宫，中祀天妃，相传为福建林姓之女，封为天妃，如明张燮《东西洋考》云：

天妃，莆之湄洲屿人。五代时，闽都巡检林愿之第六女，生于晋天福八年，宋雍熙四年二月二十九日化去。后尝衣朱衣往来海上，里人虔祀之。宣和癸卯，给事中路允迪使高丽，中流遇风，他舟皆溺，神独集路舟得免。还奏，特赐庙号曰顺济。绍兴乙卯，海寇至，神驾风一扫而遁，封昭应崇福。乾道己丑，加封善利。淳熙间，加封灵惠。庆元、开禧、景定间，累封助顺、显卫、英烈、协正、集庆等号。

而至元时，如《元史·祭祀志》云："南海女神灵惠夫人，至元中以护海运有奇应，加封天妃……庙曰灵慈。"是天妃之号，始于元时。明郎瑛《七修类稿》亦云：

天妃，莆田林氏都巡君之季女，幼契玄理，预知祸福，在室三十年。宋元祐间遂有显应，立祠于州里。至至元中，显圣于海，护海运，万户马合法、忽鲁循等奏立庙，号天妃，赐太牢。洪武初，海运风作，漂泊粮米数百万石于落漈（言水往不可回处），万人号泣待死矣，大叫天妃，则风回舟转，遂济直沽，而后又封昭应德正灵应孚济圣妃娘娘之号。自后海舟显圣不一，四方受恩之人遂各立庙，故今在处有之也。

是明时又封为圣妃，惟后仍称天妃，如《续通考》（《陔馀丛考》引）云："永乐中，建天妃庙，赐名宏仁普济天妃宫，有御制碑，正月十五三月二十三日遣太常侍致祭。"今则或称天妃，或称天后。按：以上所说，自是附会之谈，诚如清赵翼《陔馀丛考》所云：

江汉间操舟者率奉天妃，而海上尤甚。……相传大海中当风浪危急时，号呼求救，往往有红灯或神鸟来，辄得免，皆妃之灵也。窃意神之功效如此，岂林氏一女子所能？盖水为阴类，其象维女，地媪配天，则曰后，水阴次之，则曰妃，天妃之名，即谓水神之本号可，林氏女之说，不必泥也。

是的，这只是水神而已，哪里是什么林氏女呢？

二二 观世音

Goddess of Mercy

智慧心

今人皆以观世音为女性菩萨，所以塑像皆作妇人装，又传是妙庄王之女，如《香山宝卷》所说。按：《香山宝卷》原名《观世音菩萨本行经简集》，相传为宋普明禅师所编。大略说迦叶佛时，须弥山西有一兴林国，国王婆伽，年号妙庄。王后宝德连生二女，长名妙书，次名妙音；至妙庄十八年二月十九日，又生一女，名为妙善。妙善原是仙女转世，一意念佛修道。妙庄王因无太子，想招驸马继后，不想妙善不肯答应，为妙庄王囚在后花园里。后由为母劝说，把她赦了，她便到白雀寺修行。妙庄王围寺放火，火为她刺血变作红雨灭去；又用刀斩她，她也不死，最后还由她祷天容其一死，免得与父王为难，遂用弓弦勒绞而死。她魂游地府，阎王以其慈悲大愿，仍送还阳，因太白金星提示，至惠州澄心县香山悬崖洞中修道。九年修全，名为观世音。其时妙庄王因毁弃佛法，患了不治的病，必须到香山悬崖洞求不嗔人的手眼，才能治愈。待求了治愈去谢他的时候，原来所谓不嗔人者，就是他的女儿妙善。于是妙庄王也改行修道，后来同登净土。《香山宝卷》的故事就到此为止，后来影响于其他文学甚深，弹词、戏剧、电影都把它改编过，故今人谈观世音的，无不知为是妙庄王的女儿，而且她好像是到我们中国来修道的，惠州不是在今广东省境吗？然此说实不可信，如明胡应麟《庄岳委谈》云：

今塑画观音像，无不作妇人者。盖菩萨相端妍靓丽，文殊、普贤悉尔，不特观世音也。至冠饰以妇人之服，则前此未闻。考《宣和画谱》，唐宋名手写观音像极多，俱不云妇人服。李廌、董逌画跋，所载诸观音像亦然。则妇人之像，当自近代始。盖因大士有化身之说，而闺阁多崇奉者，展转流传，遂致称谓皆讹。……元僧谫陋无识，遂以为妙庄王女，可一笑也。

此以观世音本非妇人，作妇人像者亦古所未闻。元僧当指普明禅师之类，可知妙庄王女之说，全属附会。他又举许多实例云：“晋义熙十一年，太原郭宣，蜀郡文处茂，先与梁州刺史杨收敬为友，收敬有罪下狱，宣与处茂同被桎梏，念观世音。十日后夜梦一菩萨慰谕之，告以大命无忧，俄而锁械自脱。又宋张兴妻系狱，昼夜祈念《观音经》，十日许夜梦一沙门，以足蹑之曰，咄咄可起！妻即惊起，钳锁桎梏俱解。然闭户警防，无由得出，乃却自械，又梦向沙门曰，锁已开矣。妻遂驰出。又苻秦毕览，东平人，少奉法，随慕容垂北征没虏，单马逃窜，虏骑追将及，览至心诵念观世音，既得免脱，入山迷惑失道，又专心持念，中夜见一道人，法服持锡，示以途径，安然至家。此类甚众，竟无一梦见妇人者，当是像可推矣。”盖据此所述，观世音或化为菩萨，或化为沙门，或化为道人而绝无化为妇人的。然如清赵翼《陔馀丛考》所举诸说，则亦不尽然的，他说：

观世音

《法华经》云："苦恼众生，一心称名，菩萨即时观其音声，皆得解脱，以是名观世音。"

胡应麟《笔丛》、王弇洲《观音本纪》皆谓古时观世音无妇人像，而历引《法苑珠林》《太平广记》诸书以证之，……其说固辨矣，然亦有不尽然者。南宋甄龙友题《观世音像》云：『巧笑倩兮，美目盼兮，彼美人兮，西方之人兮。』洪景卢《夷坚志》：『董悱之母素持观音普门品经，忽病死，其魂呼救苦观世音，恍若有妇人璎珞被体，相好端严，以右手把其臂，挈之偕行，遂瘳。』……又寿涯禅师咏鱼篮观音词有：『窈窕丰姿都没赛，提鱼卖，堪笑马郎来纳败。』……则观音之为女像，宋元间已然。不特此也，《北史》：『齐武成帝酒色过度，病发，自云初见空中有五色物，稍近成一美妇人，食顷变为观世音，徐之才疗之而愈。』由美妇人而渐变为观世音，则观音之为女像可知。又《南史》：『陈后主皇后沈氏，陈亡后入隋，隋亡后过江至毗陵天静寺为尼，名观音皇后。』为尼不以他名，而以观音为名，则观音之为女像益可知。此皆见于正史者，则六朝时观音已作女像，王、胡二公尚未深考也。

观世音

佛家言观世音化三十二应身，入诸国土，上现八万四千手臂，指引群生，故世有“大慈大悲”之号。

是所举皆为妇人。综合二说，则观世音为男为女，古时似未有定说，直至宋后始确定为妇人，从此不再作男像了。考《法华经》云：“苦恼众生，一心称名，菩萨即时观其音声，皆得解脱，以是名观世音。”又佛家言观世音化三十二应身，入诸国土，上现八万四千手臂，指引群生，故世有“大慈大悲”之号，是其化身不一，在中土或为女身，亦未可知。然则所谓大慈大悲观世音菩萨也者，恐是佛家设想有此一菩萨，宣扬佛力，以普济群生，根本无所谓男性或女性的。今我国以普陀为观世音所居，与五台的文殊、峨眉的普贤，共称三大道场，但此诚如明郎瑛《七修类稿》所谓：“吾想观音乃天地间幻身，随诚致之人心趋向于此耳，岂真在于普陀耶？”

一三 西王母

Heavenly Queen Mother

今人称人女寿，辄以西王母为喻，西王母盖相传为女仙之宗，其说始于道家，如《集仙录》云：

西王母者，九灵太妙龟山金母也，一号太虚九光龟台金母元君，乃西华之至妙，洞阴之极尊。在昔道气凝寂，湛体无为，将欲启迪玄功，化生万物，先以东华至真之气，化而生木公。木公生于碧海之上，芬灵之墟，以主阳和之气，理于东方，亦号曰东王公焉。又以西华至妙之气，化而生金母。金母生于神州伊川，厥姓侯氏。生而飞翔，以主元毓神玄奥于眇莽之中，分人道醇精之气，结气成形，与东王公共理二气，而育养天地，陶钧万物矣。柔顺之本，为极阴之玄，位配西方，母养群品，天上天下，三界十方，女子之登仙者得道者咸所隶焉。

此说以东王公与西王母同为化生，道家神仙之说，大抵如此，不足置辩。而东王公之由来，实由西王母而起，因我国古有西王母，道家乃以独阴不能无阳，别创一个东王公出来，更是荒诞滑稽之至。按：《尔雅》有："觚竹、北户、西王母、日下谓之四荒。"是以西王母为地名而非人名。又汉贾谊《新书》(《七修类稿》引)有："贰师将军西伐宛，斩王母寡之头。"此王母亦指地方，而正在西方。所以明郎瑛《七修类稿》以为："王母乃西方昏荒之国，犹国名女真，人姓胡母，其实无此妇人也。不然，则贰师所伐，亦可谓之妇人乎?"又按：《山海经》中也屡言西王母的事，如："昆仑之丘，有人戴胜虎齿，有豹尾穴处，名曰西王母。"这已写西王母是人，但是可怕得很，虎齿豹尾，简直等于妖怪。到了《穆天子传》，渐变为真像女王，《传》中有云：

乙丑，天子觞西王母于瑶池之上。西王母为天子谣曰：『白云在天，山陵自出。道里悠远，山川间之。将子无死，尚能复来。』天子答之曰：『予归东土，和治诸夏，万民平均。吾愿见汝，比及三年，将复而野。』天子遂驱升于弇山，乃纪丌迹于弇山之石，而树之槐，眉曰西王母之山。

但这正如郎瑛所云:"西王母如人,虎齿蓬发,戴胜善啸。盖荒裔之国,多与鸟兽游处,而奇形怪状,恐或有是;未闻有所谓仙桃瑶觞,美人侍女,绰约流盼之态也。"但事情到后来确有写得如此,而且较《穆天子传》为更形容尽致的,如托名汉班固所撰的《汉武内传》云:

到夜二更之后,忽见西南如白云起,郁然直来径趋宫庭。须臾转近,闻云中箫鼓之声,人马之响,半食顷,王母至也。县投殿前,有似鸟集,或驾龙虎,或乘白麟,或乘白鹤,或乘轩车,或乘天马。群仙数千,光耀庭宇。既至,从官不复知所在,唯见王母乘紫云之辇,驾九色斑龙。别有五十天仙,侧近鸾舆,皆长丈余,同执彩旄之节,佩金刚灵玺,戴天真之冠,咸住殿下。王母唯挟二侍女上殿。侍女年可十六七,服青绫之袿,容眸流盼,神姿清发,真美人也!王母上殿,东向坐,著黄金褡襡,文采鲜明,光仪淑穆,带灵飞大绶,腰佩分景之剑,头上太华髻,戴太真晨婴之冠,履玄璚凤文之舄,视之可年三十许,修短得中,天姿掩蔼,容颜绝世,真灵人也!

这真把西王母当作神仙了，与前之虎齿豹尾大相径庭。但《集仙录》却有辨白，说：“虎齿者此乃王母之使，金方白虎之神，非王母之真形也。”实属可笑。盖王母实为西方地名，渐后则以其地在荒外，犹是野蛮民族，故《山海经》云云，最后道家尊之为神为仙，自然不得不虚掩其丑，反而增饰其美。《汉武内传》之类原是六朝人伪托之作，那时正是道教盛行时代，写作传记，当然是竭力推崇的了。其演变大略情形，亦正如清赵翼《陔馀丛考》所云：

世以西王母为女仙之宗。……盖《山海经》及《汲冢周书》皆因《尔雅》西王母三字，遂造为穆王西巡之事，竟成典故。司马相如《大人赋》『吾乃今睹西王母暠然白首，戴胜而穴处』，则用之于词赋矣。《史记》『造父御穆王西巡狩见西王母』，则并入之史册矣。后人又附会作《穆天子传》，有『白云在天』之谣，则更创传奇体矣。哀帝时，民间相传西王母行筹，经历郡国，西入关，至京师会聚，祠西王母，则且盛于祠祭矣。……然《史记·条枝国传》：『安息长老传闻条枝有弱水、西王母，而未尝见。』《后汉书·大秦国传》：『或云其国西有弱水、流沙，近西王母所居处，几于日所入也。』终皆惝恍之词也。

一四 八仙

Eight Immortals

八仙之说，始于元时，元以前所谓八仙，如陈沈炯文有“淮南八仙”之说，其实是文学之士，当时则称为八公，如《小学绀珠》称：“淮南八公：左吴、李尚、苏飞、田由、毛披、雷被、晋昌、伍被。”此八人据后汉王逸《招隐士序》：“昔淮南王安，博雅好古，自八公之徒，咸慕其德而归其仁，各竭才智，著作篇章，分造词赋。”故实非仙。惟后来淮南王有成仙之说，于是后世也称为八仙了。然此与现在所传的八仙，全无关系。

其次晋谯秀《蜀纪》，也有“蜀之八仙”之说，云：“首容成公，隐于鸿蒙，今青城山也；次李耳，生于蜀；三董仲舒亦青城山隐士；四张道陵，今鹤鸣观；五庄居平，卜肆在成都；六李八百，龙门洞在成都；七范长生，在青城山；八尔朱先生，在雅州，好事者绘为图焉。”亦与今异。至唐时杜甫所作《饮中八仙歌》，指的是李白、贺知章、李适之、李琎、崔宗之、苏晋、张旭、焦遂，更非仙乃是酒徒而已。大约八仙之称，古已有之，其若今所谓八仙，则实始于元时。明胡应麟《庄岳委谈》云：

八仙

八仙之说，始于元时，元以前所谓八仙，如陈沈炯文有“淮南八仙”之说，其实是文学之士，当时则称为八公。

今世绘八仙为图，不知起自何代，盖由杜陵有《饮中八仙歌》，世俗不解何物语，遂以道家者流当之。要之起自元世，王重阳教盛行，以钟离为正阳，洞宾为纯阳，何仙姑为纯阳弟子，夤缘附会，以成此目。案：《通志》有《八仙图》，又有《八仙传》一卷，江唐江积撰，则此目唐时已似有之。然徐神翁宋世甚明，则唐时或他有其人，如所谓五真之属。且《太平广记》收神仙类事迹殆尽，而钟吕显著若斯，绝不见采，并唐诸小说亦罕谈及，则唐人所谓《八仙传》者，决非钟吕之俦明矣。

是唐时虽有八仙，要与现今犹复不同。惟元时所谓八仙，说法亦各不同，如元马致远《吕洞宾三醉岳阳楼》第四折末《水仙子》云：

这一个是汉钟离现掌着群仙箓，这一个是铁拐李发乱梳，这一个是蓝采和板撒云阳木，这一个是张果老赵州桥骑倒驴，这一个是徐神翁身背着葫芦，这一个是韩湘子韩愈的亲侄，这一个是曹国舅宋朝的眷属，则我是吕纯阳爱打的简子愚鼓。

这里有徐神翁而无何仙姑。又如岳伯川《吕洞宾度铁拐李岳》第四折《二煞》云：

汉钟离有正一心，吕洞宾有贯世才，张四郎、曹国舅神通大，蓝采和拍板云端里响，韩湘子仙花腊月里开，张果老驴儿快，我访七真游海岛，随八仙赴蓬莱。

这里却有张四郎而无徐神翁，也无何仙姑。又如范子安《陈季卿误上竹叶舟》第四折《十二月》前，却云："张果、汉钟离、李铁拐、徐神翁、蓝采和、韩湘子、何仙姑上。"却有了何仙姑，又有徐神翁，而无曹国舅了。此外又如元邓学可《正宫·端正好》套数《乐道》云：

汉钟离元是个帅首，蓝采和本是个俳优，悬壶翁本不曾去沽油，铁拐李险烧了尸首，贺兰仙引定曹国舅，韩湘子会造逡巡酒，吕洞宾三醉岳阳楼，度了数千年的绿柳。

这里悬壶翁当指徐神翁，是有徐神翁、贺兰仙，而无张果老、何仙姑了。好了，从这许多曲里看来，可知元人对八仙的名目，还不怎样统一的，兹试列表如下：

仙名	著录人			
汉钟离	马	岳	范	邓
铁拐李	马	岳	范	邓
蓝采和	马	岳	范	邓
张果老	马	岳	范	
徐神翁	马		范	邓
韩湘子	马	岳	范	邓
曹国舅	马	岳		邓
吕纯阳	马	岳	范	邓
张四郎		岳		
何仙姑			范	
贺兰仙				邓

由此表看来，可知元时公认汉钟离、铁拐李、蓝采和、韩湘子、吕纯阳是各为八仙之一的；其余张果老、徐神翁、曹国舅较次，但亦近乎公认；至张四郎、何仙姑、贺兰仙则在似是而非的八仙之一了。到了明时，明初如周宪王《吕洞宾花月神仙会》，谷子敬《吕洞宾三度城南柳》还是信奉马致远之说的，有徐神翁而无何仙姑。直至汤显祖撰《邯郸梦》，吴元泰撰《东游记·上洞八仙传》，其名称始与今完全相同。吴氏是全写八仙得道的演义小说，八仙的顺次，也由他重加排定了，这次序是：

（一）铁拐李
（二）汉钟离
（三）蓝采和
（四）张果老
（五）何仙姑
（六）吕洞宾
（七）韩湘子
（八）曹国舅

本来元代以汉钟离为领袖，至此时却以铁拐李为领袖了。兹将此八仙所谓得道的历史，分述如下：

铁拐李于古无闻，惟明陈仁锡《潜确类书》云：

铁拐姓李，质本魁梧。早岁闻道，修真岩穴。一日将赴老君华山之约，嘱其徒曰：『有魄在此，倘游魂七日不返，若可化为吾魄也。』徒以母疾迅归，六日化之，至七日果归，失魄无依，乃附一饿莩之尸而起，故形跛恶，非其质矣。

是亦不能详其历史，只说明他跛拐的由来。又据清赵翼《陔馀丛考》云：

铁拐李史传并无其人，惟《宋史·陈从信传》有李八百者，自言八百岁，从信事之甚谨，冀传其术，竟无所得。又《魏汉津传》自言师事唐人李八百，授以丹鼎之术。则宋时本有李八百者在人耳目间，然不信其跛而铁拐也。胡应麟乃以《神仙通鉴》所谓刘跛子者当之，然刘李各姓，又未可强附。《续通考》又谓隋时人，名洪水，小字拐儿，亦不言所出何书，则益无稽之谈也。

是铁拐李实根本无其人，遑论成仙，不知元时何以有此传说的？

汉钟离即钟离权，《全唐诗》收有他的《题长安酒肆壁》三绝句，传云：

钟离权，咸阳人，遇老人授仙诀，又遇华阳真人上仙王玄甫传道，入崆峒山，后仙去。诗云：『坐卧常携酒一壶，不教双眼识皇都。乾坤许大无名姓，疏散人中一丈夫。得道真仙不易逢，几时归去愿相从。自言住处连苍海，别是蓬莱第一峰。莫厌追欢笑语频，寻思离乱好伤神。闲来屈指从头数，得到清平有几人。』

是明明为唐人了，然另据《宣和书谱》云：

神仙钟离先生名权，不知何时人，而间出接物。自谓生于汉。吕洞宾于先生接弟子礼，有问答语及诗成集。状其貌者，作伟岸丈夫，或峨冠绀衣，或虬髯蓬鬓，不冠巾而顶双髻，文身跣足，颀然而立，睥睨物表，自称天下都散汉，又称散人。元祐七年七月，录诗四章赠王定国，多论精勤志学，长生金丹之事，亹亹可读。终自论其书，谓学龙蛇之状，识者信其不诬。

则又以钟离权生于汉，而至宋时又复间出接物的。按：《宋史·陈抟传》，云："陈尧咨谒抟，有髽髻道人先在坐，尧咨私问抟，抟曰钟离子也。"又《王老志传》："有丐者自言钟离先生，以丹授老志，服之而狂，遂弃妻子去。"则宋时似确有钟离的。然此诚如胡应麟《庄岳委谈》所云："盖宋时羽士假托钟离权以诳王定国辈。其诗实唐钟离权所作，而假托者不详其世，以为即汉钟离昧，故自称生于汉。后世因以汉钟离目之。"其实汉钟离的汉字，乃由他自称天下都散汉的汉而来，哪里会生于汉而至宋还在呢？而宋之钟离，则实多羽士们所假托，其实当是唐人无疑。附会既多，真以为他是长生不死的神仙了。

蓝采和最早见载于南唐沈汾的《续神仙传》，《传》云：

蓝采和，不知何许人也。常衣破蓝衫，六铸黑木腰带，阔三寸余。一脚著靴，一脚跣行，夏则衫内加絮，冬则卧于雪中，气出如蒸。每行歌于城市乞索，持大拍板长三尺余，常醉踏歌，老少皆随看之。机捷谐谑，人间应声答之，笑皆绝倒，似狂非狂。行则振靴，言：『踏歌踏歌蓝采和，世界能几何！红颜一春树，流年一掷梭。古人混混去不返，今人纷纷来更多。朝骑鸾凤到碧落，暮见苍田生白波。长景明晖在空际，金银宫阙高嵯峨。』歌辞极多，率皆仙意，人莫之测。但以钱与之，以长绳穿拖地行，或散失亦不回顾，或见贫人即与之，及与酒家。周游天下，人有为儿童时至及斑白见之，颜状如故。后踏歌于濠梁间酒楼，乘醉，有云鹤笙箫声，忽然轻举于云中，掷下靴衫腰带拍板，冉冉而去。

冉冉而去，自然是仙传仙话。按：元无名氏有《汉钟离度脱蓝采和》杂剧，云蓝采和是乐名，原名许坚，在勾栏里唱戏。年五十岁时做寿，因失误官身，为官府扣打四十大棒，后为钟离所度脱，则与上引不同，当是作者虚构其事，不足置信。又按：宋陆游《南唐书·陈陶传》云："陶遁西山，山产药物数十种，陶采而饵之。开宝中，尝见一叟角发被褐，与一老媪货药于市。歌曰：篮采禾，篮采禾，尘世纷纷事更多，争如卖药沽酒饮，归去深崖拍手歌。是即陶夫妇。"其歌正与上引踏歌相似，则明为陈陶所作，所谓蓝采和者实篮采禾的传讹。今画图蓝采和，正与陶角发被褐相似，然则蓝采和实即陈陶，沈氏与陶同时，或姑隐其姓名欤？

张果老为唐时人，《旧唐书》有开元二十二年，征恒州张果先生，授银青光禄大夫，号通玄先生之说，则其事当实，信非杜撰。按：《太平广记》云：

张果者，隐于恒州条山，常往来汾晋间。时人传有长年秘术。耆老云：『为儿童时见之，自言数百岁矣。』唐太宗高宗累征之不起。则天召之出山，佯死于妒女庙前，时方盛热，须臾臭烂生虫，闻于则天，信其死矣。后有人于恒州山中复见之，果常乘一白驴，日行数万里。休则重叠之，其厚如纸，置于巾箱中。乘则如水噀之，还成驴矣。开元二十三年，玄宗遣通事舍人裴晤，驰驿于恒州迎之。果对晤气绝而死，晤乃焚香启请，宣天子求道之意。俄顷渐苏，晤不敢逼，驰还奏之。乃命中书舍人徐峤，赍玺书迎之，果随峤到东都，于集贤院安置，肩舆入宫，备加礼敬。玄宗因从容谓曰：『先生得道者也，何齿发之衰耶？』果曰：『衰朽之岁，无道术可凭，故使之然，良足耻也。今若尽除，不犹愈乎！』因于御前拔去鬓发，击落牙齿，流血溢口。玄宗甚惊，谓曰：『先生休舍，少选晤语。』俄顷召之，青鬓皓齿，愈于壮年。一日秘书监王迥质，太常少卿萧华，尝同造焉。时玄宗欲令尚主，果未之知也，忽笑谓二人曰：『娶妇得公主，甚可畏也。』迥质与华相顾，未谕其言。俄顷有中使至，谓果曰：『上以玉真公主早岁好道，欲降于先生。』果大笑，竟不承诏，二人方悟向来之言。是时公卿多往候谒，或问以方外之事，皆诡对之。每云『余是尧时丙子年人』，时莫能测也。

是张果盖为隐士之流。“衰朽之岁，无道术可凭。”最得其实，其他则未免“诡对之”而已，故云尧时年人，因此遂有种种传说。此处仅云白驴可叠，至元又有骑倒驴之说，则不知如何转变去的。

何仙姑自来传说最多，所以元人不公认为八仙之一，或者也有其原因的。其传说始载于宋人笔记中，如宋魏泰《东轩笔录》云：

永州有何氏女，幼遇异人与桃食之，遂不饥无漏。自是能逆知祸福，乡人神之，为构楼以居，世谓之何仙姑。士大夫之好奇者，多谒之以问休咎。王达为湖北转运使，巡至永州，召于舟中留数日。是时魏绾知潭州，与达不叶（叶为和、协的意思，不叶为不和——编者注），因奏达在永州取无夫妇人阿何于舟中止宿，以此罢去。

这是说何仙姑为宋永州何氏女。观其所述，大似现今的女巫之流，无足为奇。此外曾敏行《独醒杂志》、刘攽《中山诗话》也有类似的记载，均以何为宋时永州人。至明则又以何为唐时广州增城人，如明陈槤《罗浮志》云：

何仙姑，广州增城县何泰之女也。唐天后时，住云母溪。年十四五，一夕梦神人教食云母粉，可轻身不死，因饵之，誓不嫁。常往来山顶，其行如飞。每朝去暮回，持山果归贻其母。后遂辟谷。天后遣使召赴阙，中路失之。中宗景龙中，白日升仙。

《东游记》《续通考》与此所说正同。岂何仙姑本为广州人而宋人附会为永州人耶？抑何仙姑有两人，同姓何而同为仙姑耶？真使人疑莫能明。此外陶白斋《杂记》说仙姑名琼，《福建通志》说仙姑世居武平南岩，《歙县志》说仙姑歙人，尤使人莫知所从。大抵女巫之流，随便附会，但有道术，即称仙姑，所以是否真有何仙姑其仙，实在大有疑问的。

吕洞宾相传为唐末人，而至宋时犹在。《宋史·陈抟传》云："关西逸人吕洞宾，有剑术，年百余岁，步履轻捷，顷刻数百里，世以为神仙，数来抟斋中，人咸异之。"此云百余岁，当是唐末时人了。其后宋范致明《岳阳风土记》云："吕先生河中府人，唐礼部尚书渭之孙，海州刺史让之子。会昌中两举进士不第，去游庐山，遇异人授剑术，得长生不死之诀。"此异人据宋罗大经《鹤林玉露》云："世传吕洞宾唐进士也，诣京师应举，遇钟离翁于岳阳，授以仙诀，遂不复之京师。"则为钟离权，惟一云遇于庐山，一云遇于岳阳，为不同耳。至元时则又传说吕曾及第，且两为县令，如郝天挺注元好问《唐诗鼓吹》吕洞宾诗云：“洞宾名岩，京兆人。咸通中及第，两调县令。值巢贼乱，移家终南得道，莫测所往。”则不知何据？会昌咸通相距不过十余年，所记或各有错误的。而《集仙传》又云：“吕嵒字洞滨，一字希云，九江人也。”则尤为奇特，宾字作滨，及希云九江，皆与他书所记绝异，岂九江别有吕洞滨的？至唐沈既济所作《枕中记》，云开元中道者吕翁经邯郸道上，邸舍中以枕借卢生睡事，此吕翁后世亦疑为洞宾，则决非是。大约既以吕为神仙，于是姓吕的事，亦多附会为他的了。但吕虽有仙术，宋时却还闹过捕捉的事，那真是给神仙者一个大笑话了。宋王铚《默记》云：

李教者，都官郎中昙之子，自少不调，学左道，变形匿影，飞空妖术，既成而精，同党皆师而信服焉。昙之母，以夏月昼寝于堂，而堂阶前井中，忽雷电霹雳大震，有黄龙自井飞出。昙母惊起，开目见之，怖投床下径死。家人徐视之，乃教所变，龙即教也。昙怒杖之，垂尽逐出。教益与恶少薄游不检，一日书娼馆曰：『吕洞宾李教同游。』昙遣人四出捕之，教皇窘自缢死。久之，王则叛于贝州，声言教为谋主用事。朝廷闻之大骇，捕昙及教妻儿兄弟下狱；又于娼馆得诏所题，诏天下捕李教及吕洞宾二人。会贝州平，本无李教者，始信其真死矣，乃独令捕吕洞宾，甚久，乃知其寓托无其人，乃已。

按：王则叛于贝州，事在宋仁宗庆历七年，则吕洞宾在此时似已失人信仰，否则明知其为仙，何以有捕捉的事？亦足见成仙之说，在当初未必信以为真，至后世乃真信以为仙而不可侵犯的了。

韩湘子相传为唐韩愈的侄，如唐段成式《酉阳杂俎》云：

韩愈侍郎有疏从子侄从江淮来，年甚少。韩令学院中伴子弟，子弟悉为凌辱。韩知之，遂为街西假僧院令读书。经旬，寺主纲复诉其狂率，韩遽令归，且责曰：『市肆贱类营衣食，尚有一事长处；汝所为如此，竟作何物？』侄拜谢，徐曰：『某有一艺，恨叔不知。』因指阶前牡丹曰：『叔要此花青紫黄赤，唯命也。』韩大奇之，遂给所须试之。乃竖箔曲，尽遮牡丹丛，不令人窥。掘窠四面，深及其根。宽容人坐，唯赍紫矿轻粉朱红，旦暮治其根。凡七日乃填坑，白其叔曰：『恨校迟一月。』时冬初也，牡丹本紫，及花发，色白红历绿，每朵有一联诗，字色紫分明，乃是韩出官时诗一韵，曰『云横秦岭家何在，雪拥蓝关马不前』十四字。韩大惊异。侄且辞归江淮，竟不愿仕。

此虽未说其名，但颇与后来传说湘子相似。至栽植牡丹，事或可能，未必是仙术的。其后至宋人的《仙传拾遗》，刘斧的《青琐高议》便生出许多神怪的事来。清赵翼《陔馀丛考》曾加以辨正云：

韩湘子者，相传韩昌黎之从孙，即韩诗《左迁蓝关示侄孙湘》者也；然公诗中，绝不言其有道术。而《酉阳杂俎》《青琐高议》等书，转以此诗附会，谓湘能为顷刻花；公未谪前，湘先有秦岭蓝关一联现于花上，公至蓝关，而湘适至，故公足成之云。按《唐宰相世系表》，湘乃老成之子，昌黎有《赠侄老成》诗，登长庆三年进士，官大理丞，初不言其有异术。惟昌黎有《徐州赠族侄》一首云：『击门者谁子？问言乃吾宗。自云有奇术，探妙知天工。』曰族侄，则非侄孙也。探妙知天工，盖不过如星士之类，能推人贵贱，故下又云『期我语非佞，当为佐时雍』也。而湘则随昌黎至岭南（昌黎有《宿曾江口示湘》诗，曾江即广州增城县江也），并非如徐州族侄之能知天工也。而转以《蓝关》诗附会之，其为荒幻，更不待辨矣。

则韩湘子虽有其人，实无成仙之事，后人因段氏的记载，故意附会成之而已。又《道缘汇录》云：“愈有从侄孙湘，字清夫，号玄阳子，清修寡欲，未入名场，落拓不羁，纵游山水。愈贬潮州，路经蓝关，积雪满地，马不能前。适湘至，为扫除其雪。怀中出药丸一枚与之，曰服之可御瘴。言毕，飘然而去。”柴萼《梵天庐丛录》以为：“今人实因湘湘二字为鲁鱼之讹，列仙班者非前之族子，即此字曰清夫者，而湘则无与。”恐亦附会之谈，湘正湘之讹耳，《道缘汇录》未必更有所据的。

最后要说曹国舅了。据《续通考》(《陔馀丛考》引)云：

曹国舅，宋丞相彬子，曹太后弟，美姿容，隐迹山岩，精思慕道。一旦出游，抵黄河，以金牌抵渡直，遇钟离权、吕洞宾。洞宾问所养何事，曰：『养道。』曰：『道安在？』舅指天。曰：『天安在？』舅指心。权笑曰：『心即天，天即道，却识本来面目矣。』遂引入仙班。

另据《历代神仙史》国舅名景休,其他大意亦类此。明胡应麟《庄岳委谈》以为:"考诸仙传曹姓无外戚,而诸史曹姓外戚无得仙者。据俗传为宋人,检宋史惟曹佾为后弟,见重于时,年七十卒,初不云得仙。未审元人何据,大都委巷之谈耳。"清赵翼《陔馀丛考》亦谓:"曹佾年七十二而卒,未尝有成仙之事。此外又别无国戚而学仙者,则亦传闻之妄也。《道山清话》记晏殊乃仙人曹八百托生,所谓曹八百者岂即其人耶?然又非国戚也。"

总之,这八仙除钟离权、张果老、吕洞宾略见于正史,云有道术外,其余诸人则皆附会虚伪而来,如韩湘子、曹国舅根本未见有道术的,铁拐李、蓝采和、何仙姑有无其人,实一问题。即使有道术的话,也不过是今世羽士之流,未必即能成仙。大抵元人因前人有八仙之说,乃附会唐宋人亦聚为八仙,用之于曲中,无非游戏而已,后世乃真认为实有其人,实都成仙,真是荒诞无稽极了。

八仙 这八仙除钟离权、张果老、吕洞宾略见于正史，云有道术外，其余诸人则皆附会虚伪而来。

一五 张仙

Offspring-Sending Immortal Zhang Xian

世以妇人无子，则祀张仙以求嗣。张仙之说，宋以前殊无闻。而其来由，诸书说法不一，《神仙通鉴》以为："宋仁宗梦见一人，粉面乌髯，挟弹而至，自云张仙，云能阻止天狗，吞啖小儿。帝醒，命图形悬之，奉以为神。"是始于宋仁宗时，然云能吞啖小儿，则与求嗣之说正反，恐此张仙又属一仙，与能赐嗣的张仙不同。明郎瑛《七修类稿》以为即蜀主孟昶，其说云：

近世无子者多祀张仙以望嗣，然不知其故也。蜀主孟昶美丰仪，喜猎善弹弓。乾德三年蜀亡，掖庭花蕊夫人随辇入宋宫。夫人心尝忆昶，悒悒不敢言，因自画昶像以祀，复佯言于众曰：『祀此神者多有子。』一日，宋祖见而问之，夫人亦托前言；诘其姓，遂假张仙。蜀人历言其成仙之后之神处，故宫中多因奉于求子者，遂蔓延民间。

明陆深《金台纪闻》亦有此说。又王世贞《勘书图跋》云：“宋初诸降王中，独孟昶有天人相，见于花蕊夫人所供。其童子为玄喆，武士为赵廷隐。当时进御者，以胜国故，不敢具其实，故目为文皇耳。”是花蕊夫人的供像，确有其事，惟或说张仙，或说文皇（即唐太宗）各有其说，则张仙如文皇，均实有其人，花蕊不过借托而已，未必即为孟昶，于义极明，所以清赵翼《陔馀丛考》云：

世所称张仙像，张弓挟弹，似贵游公子。或曰即张星之神也。……则此像又有托之为唐太宗者，余谓此二说皆未必然。昶之入汴也，宋祖亲见之，花蕊果携其像，宋祖岂不能识别而敢以诡辞对？至托为唐文皇则更无谓，按：高青邱有《谢海雪道人赠张仙像》诗云：『余未有子，海雪以此像见赠，盖苏老泉尝祷之而得二子者，因赋诗以谢云：道人念我书无传，画图卷赠成都仙。云昔苏夫子，建之玉局祷甚虔，乃生五色两凤鶵，和鸣上下相联翩。』然则此像本起于蜀中，闺阁祈子，久已成俗，是以花蕊携以入宫。后人以其来自蜀道，转疑为孟昶像耳。按：《苏老泉集》有《张仙赞》，谓：『张名远霄，眉山人，五代时游青城山成道。』

是张仙实有其人，生于五代，地在眉山，故蜀人祀之颇盛。按：《续通考》（《陔馀丛考》引）有云：

张远霄一日见老人持竹弓一，铁弹三，来质钱三百千，张无靳色。老人曰：『吾弹能辟疫，当宝用之。』后老人再来，遂授以度世法，熟视其目，有两瞳子。越数十年，远霄往白鹤山遇石像名四目老翁，乃大悟，即前老人也。

此即为张仙张弓挟弹的由来，乃正其生平的事实，但何以后来会变为祈子之祀，实不可明。明胡应麟《庄岳委谈》以为："以张弓为张仙，挟弹为诞子。"是以弹与诞音相同，故附会而有此祀，则亦不过想象之辞。按：古时生男则悬弧矢，又祀高禖之礼，如《礼记·月令》云："仲春之月，玄鸟至。至之日，以太牢祠于高禖。天子亲往，后妃帅九嫔御，乃礼天子所御，带以弓韣，授以弓矢，于高禖之前。"注谓："玄鸟至时，阴阳中，万物生，故于是以三牲请子于高禖之神。居明显之处，故谓之高；因其求子，故谓之禖；以为古者有媒氏之官，因以为神。授以弓矢，示服猛得男象也。"然则古时求子必用弓矢，所以服猛得男象之意。此祀历代不衰，凡帝王均有此举，惟民间无之。后来民间亦有求子之事，于是虚设一神，绘以张弓挟弹之状，正是古时授以弓矢的由来。胡氏所谓"以弓为张，以弹为诞"实是臆说之辞。至于张远霄之说，不过后人附会而已，根本实无关系，而称为张仙，我们颇疑又是道家所假托的。此点诚如胡应麟

《庄岳委谈》所云:“世谓张星之神为张仙,案:唐段成式《酉阳杂俎》天翁姓张名坚,又曰姓张名表,则天与日与星皆张姓。宜海内张姓独多也,闻者莫不绝倒(灶神亦姓张名单字子郭,梓潼神姓张名恶子)。”此非道家有意附会,则神仙之流,姓张何以独多如此呢?

一六 阎罗

Yama

世传阴间有阎罗王，以管理一切鬼魂。按：此说起于释氏，如宋无名氏《鬼董狐》云：

佛言琰魔罗，盖主捺落迦者，止一琰魔罗王耳。阎罗盖琰魔罗之讹也。余十八王见于《阿含》等经，名皆梵语。王主一狱，乃阎罗僚属，义不得差肩。十王之说，不知起于何时。佛所举三千大千世界，素诃其一；今所居瞻部，特素诃之一州极东南际，于一世界亦不啻太仓之稊米，泰山直微尘耳。阎罗盖指一素诃世界言之，其统摄大矣。泰山奈何亦以王号，与之敌体哉？转轮王王四天下，盖人而几于天者，亦非主冥道，乃概列于十王。其余名号，如宋帝五官之类，皆无所稽据。又七七日而所历者七王，自小祥以后二年乃仅经二王，抑何疏密之悬绝耶？

是阎罗乃译音，或译琰魔罗。阎罗王实为阴司之主，别有十八王乃其僚属，此十八王即主十八地狱。然今则改为十殿十王，又以阎罗为第五殿王，宋时已是如此，则不知何据？至云泰山与之敌体，此盖我国古时，有泰山治鬼之说，说详前东岳神章。自释氏此说流传于我国后，泰山治鬼遂不如阎罗治鬼之为人所信，这当然是释氏僧徒宣扬出来的缘故。至十八王之梵名，《问地狱经》有详细记载，兹并引如下：

一迦延，典泥犁；二屈遵，典刀山；三沸进寿，典沸沙；四沸屎，典沸屎；五迦世，典黑耳；六磕嵯，典火车；七汤谓，典镬汤；八铁迦然，典铁床；九恶生，典磕山；十□□，典寒冰；十一毗迦，典剥皮；十二遥头，典畜生；十三提薄，典刀兵；十四夷大，典铁磨；十五悦头，典冰地狱；十六□□，典铁笧；十七名身，典蛆虫；十八观身，典烊铜。

经里又述阎罗的由来，据云：

阎罗大王昔为毘沙国王，与维陀始王共战，兵力不如，因立誓愿，愿我后生为地狱狱主，治此罪人；十八大臣及百万众皆悉同愿。毘沙王者今阎罗王是，十八大臣今十八狱主是，百万之众今牛头阿旁等是。

这岂非是奇谈，说是立誓愿后生为地狱主，即可变为地狱主了，天下事岂有这样简便的吗？而奇怪的我国古代也有许多人变为阎罗王，岂阎罗王正如阳间的帝王，随时在更易吗？如《隋书·韩擒虎传》云：

韩擒虎字子通，河南东垣人也，后家新安，拜凉州总管。俄征还京，上宴之内殿，恩礼殊厚，无何，其邻母见擒虎门下仪卫甚盛，有同王者，母异而问之，其中人曰：『我来迎王。』忽然不见。又有人疾笃，忽惊走至擒虎家曰：『我欲谒王。』左右问曰：『何王也？』答曰：『阎罗王。』擒虎子弟欲挞之，擒虎止之曰：『生为上柱国，死作阎罗王，斯亦足矣。』因寝疾数日竟卒。

是韩擒虎死后为阎罗王了，这大约是病人神经错乱的原因罢，而韩擒虎竟因此得病而卒，也可谓凑巧极了。此外宋时此种传说更多，如宋叶梦得《避暑录话》云：

元丰间，有监黄河埽武臣，射杀埽下一鼋，未几死而还魂，云为鼋所诉于阴府，力辨，鼋数败，埽以其职杀之，故得免。而阴官韩魏公也，冥间呼为真人。

韩魏公即韩琦，此虽呼为真人，当亦是阎罗之类。又如龚明之《中吴纪闻》云：

曾王父捐馆，至五七日，曾王妣前一夕，忽梦其还家，急令开箧笥，取新公裳而去，问之，答曰：『来日当见范文正公，衣冠不可不早正也。』又问：『范公何为尚在冥间？』曰：『公本天人也，见司生杀之权。』既觉，因思释氏书谓人死五七则见阎罗王，岂非文正公聪明正直，故为此官耶？

范文正公即范仲淹，是范仲淹也做过阎罗王的。此外如《韩苑名谈》说寇准也做过此王，包拯因其铁面无私，当时有“阎罗包老”之称，后人也称包拯为阎罗王了。阎罗王可谓代不乏人，真是不胜枚举的。

至于这个地府究在何处，释氏未有所说，今则多认为在四川的酆都县(今作丰都——编者注)，县有酆都观，在酆都山中，观后又有宫宇，境甚幽诡，人迹罕到，据说即为阴府所在。考此说宋时已有之，如范成大《吴船录》云：

忠州酆都县，去县三里有平都山。碑牒所传，前汉王方平、后汉阴长生皆在此得道仙去。有阴君丹炉。

是阴府实由阴长生传讹而来，荒诞毫无根据。前乎此者，梁陶弘景《真诰·阐幽微》云：

罗酆山在北方癸地，山上有六宫，洞中有六宫，是为六天鬼神之宫也。山上为外宫，洞中为内宫。第一宫名为纣绝阴天宫，以次东行，第二宫名为泰煞谅事宗天宫，第三宫名为明晨耐犯武城天宫，第四宫名为恬昭罪气天宫，第五宫名为宗灵七非天宫，第六宫名为敢司连宛屡天宫。洞中六天宫名亦同。（注：此北酆鬼王决断罪人处，其神即《应是经》呼为阎罗王所住处也，其王即今北大帝也。）

则又谓是罗酆山，原无其地，乃道家设想而已。盖阎罗之说，道家亦极推崇，惟佛家不指其地，道家则设想为罗酆山罢！后人又由罗酆山傅会为酆都山，将虚作实，俨若实有其事，可谓荒诞极了。至地狱何以有十八而后又变为十之意，据宋王逵《蠡海集》云：

释氏有十八地狱之说，脍炙人口久矣，其义未详。然释氏有六根六入三毒之分，缘六根眼耳鼻舌身意，因六入色声香味触法，皆有三毒贪嗔痴之恶业，故三六共成十八之数也。又九地而两之，亦具十八之数焉。佛老有地府十王之说，盖即十干之义，其五称阎罗最尊，位配戊，土居中故也。

大约释氏本主十八地狱，至道家则易为十殿，本以阎罗为地狱之主，至是则又退居为十殿王之一了，惟其位仍尊。又清顾炎武《日知录》以为："地狱之说，本于宋玉《招魂》之篇，长人土伯则夜叉罗刹之伦也，烂土雷渊则刀山剑树之地也。虽文人之寓言，而意已近之矣，于是魏晋以下之人，遂演其说而附之释氏之书。"此则未免以文人之见，解释道的取义，或者未必为是的。

一七 钟馗

Zhong Kui

今世于端午日悬钟馗像，云钟馗能咬鬼，其说盖本于《唐逸史》，据云：

明皇因痁疾昼卧，梦一小鬼盗太真香囊及上玉笛，上叱问之，奏曰：『臣乃虚耗也，能耗人家喜事成忧。』上怒，欲呼武士，俄见一大鬼破帽蓝袍，角带朝靴，捉小鬼刳其目，劈而啖之。上问：『尔何人？』曰：『臣终南进士钟馗也。武德中应举不第，触阶而死，得赐绿袍以葬，感恩发誓，为帝除虚耗妖孽之事。』言讫，梦觉，而疾遂瘳，乃诏吴道子画之。道子沉思，若有所睹，成图以进。上视之曰：『是卿与朕同梦也。』

钟馗捉鬼

今世于端午日悬钟馗像，云钟馗能啖鬼，其说盖本于《唐逸史》……是钟馗抑若实有其人，后死而为大鬼专啖小鬼的。

是钟馗抑若实有其人，后死而为大鬼专啖小鬼的。明皇是否真有此梦，不得而知，然钟馗之为鬼事，则确始于唐明皇时，前世无闻。按：明杨慎《杨子卮言》云：

《考工记》曰：『大圭首终葵。』注：『终葵，椎也。齐人名椎曰终葵。』盖言大圭之首似椎尔。《金石录》：『晋宋人多以终葵为名。』其后讹为钟馗。俗画一神像贴于门首，执椎以击鬼，好怪者便傅会，说钟馗能啖鬼。画士又作《钟馗元夕出游图》，又作《钟馗嫁妹图》，讹之又讹矣。文人又戏作《钟馗传》，言钟馗为开元进士，明皇梦见，命工画之，尤为无稽。亦如石敢当本《急就章》中虚拟人名，本无其人也，俗立石于门，书『泰山石敢当』，文人亦作《石敢当传》，虚辞戏说也。昧者相传，久之便谓真有其人矣。

是杨氏以为钟馗实由终葵传讹而来，实无其神能啖鬼之事。惟所可注意者，即晋宋人多以终葵为名。此事确系事实，如清赵翼《陔馀丛考》云：

后魏北齐及周隋间，多有名钟葵者。魏献文帝时则有枹罕镇将杨钟葵。又张衮之孙白泽本名钟葵，献文改名白泽。于劲亦字钟葵。孝文时有顿邱王李钟葵。北齐武成时有宦者宫钟葵。后主纬时有慕容钟葵奔于周。隋炀时汉王谅反，有大将乔钟葵，又隋宗室处纲之父名钟葵，又鱼俱罗与蜀将段钟葵讨平越巂蛮。唐时王武俊有将张钟葵寇赵州，为康日知所杀。古人名字往往有取佛仙神鬼之类以为名者，张钟葵无论，若杨钟葵等系六朝人，俱在唐前，倘食鬼之钟馗系唐武德中进士，则杨钟葵等之命名何由逆知后世有是辟鬼之神而取之也哉？则《天中记》之说真附会也。

此外，魏又有尧钟葵字辟邪。盖古时以钟葵可辟邪，故起名如此。至钟葵何以能辟邪，则清顾炎武《日知录》引汉马融《广成颂》云：“挥终葵，扬玉斧。”以为：“古人以椎逐鬼，如大傩之执戈扬盾。”盖以终葵为椎，可以逐鬼，后世乃以终作钟，葵作馗，音同假借而已。此因齐人称椎为终葵，原无确切的字义，故或作终葵，或作钟葵，又或作钟馗，皆属可通。按：《宣和画谱·杨棐传》下，有：“六朝古碣得于墟墓间者，上有钟馗字。”则六朝时固亦有作钟馗的。又宋沈括《梦溪笔谈》云：“皇祐中，金陵发一冢有石志，乃宗悫母郑夫人，宗悫有妹名钟馗。”则当时女人也有名钟馗的，可知钟馗名的普通了。明胡应麟《艺林学山》以为此即后世钟馗嫁妹的由起，他说：

画家钟馗嫁妹图亦有因。沈氏《笔谈》云：『宗悫有妹名钟馗。』盖六朝人好用佛家语及鬼神名以为小字。或当时已有此画，因以名其女子，亦未可知。或因妇人貌陋，而以钟馗名亦未可知。今俗嘲女子陋者尚有斯称。续考《北史》及《魏

明杨慎以为钟馗实由终葵传讹而来，实无其神能啖鬼之事。惟可注意者，即晋宋人多以终葵为名……此外，魏又有尧钟葵字辟邪。盖古时以钟葵可辟邪，故起名如此。

书·尧暄传》：『暄字辟邪，上党长子人。本名钟葵，后赐名暄。聪了美容貌，以武功全大司农』云云。暄以美容貌，宗氏以妇人，而并得钟馗之称，可谓枉滥无辜，考喧在魏文时，而宗悫当梁世，其时相去颇不远，固宜为兄妹耳。闻者喷饭大噱。

虽说是笑话，足使闻者喷饭大噱，但钟馗既借人名而为名，则嫁妹之事亦只得以人妹而为妹了。原出于前人的游戏，而后人往往视为若有其事，天下荒诞的事大抵是如此的。

总之，钟馗之为鬼为神，绝无其事，唐宋原悬于岁首，后则又悬于端节，权足为辟邪则可，若信而为真，那未免为古人所瞒欺了。

一八 五通

Five Demons

江南一带，俗有五通妖魅之说，能害人作祟，亦称五圣，其情形正如明陆粲《庚己编》所述：

吴俗所奉妖神，号曰五圣，又曰五显灵公，乡村中呼为五郎神，盖深山老魅山萧木客之类也。五魅皆称侯王，其牝称夫人，母称太夫人，又曰太妈。民畏之甚，家家置庙庄严，设五人冠服如王者，夫人为后妃饰。贫者绘像于板事之，曰：『圣板。』祭则杂以观音、城隍、土地之神。别祭马下，谓是其从官。每一举则击牲设乐，巫者叹歌，辞皆道神之出处，云神听之则乐，谓之：『茶筵。』尤甚者曰『烧大纸』，虽士大夫家皆然。小民竭产以从事，至称贷为之。一切事必祷，祷则许茶筵，以祈阴祐。偶获祐则归功于神，祸则自咎不诚，竟死不敢出一言怨讪。有疾病，巫卜动指五圣见责，或戒不得服药。愚人信之，有却医待尽者。又有一辈媪，能为收惊见鬼诸法，自谓五圣阴教，其人率为魅所奸云。城西楞伽山，是魅巢窟。山中人言，往往见火炬出没湖中，或见五丈夫拥驺从姬妾，入古坟屋下张乐设宴，就地掷倒，竟夕乃散去，以为常。魅多乘人衰厄时作祟，所至移床坏户，阴窃财物，至能出火烧人屋。性极好淫，妇女涉邪及年当夭者多遭之，皆昏仆如醉，及醒自言见贵人巍冠华服，仪卫甚都，宫室高焕，如王者居。妇女列坐，及旁侍者百数十辈，皆盛妆美色。其间鼓吹喧阗服用极奢侈。与交合时，有物如板覆己，其冷如冰。有夫者避不敢同寝，或强卧妇旁，辄为魅移置地上。其妖幻淫恶，不可胜道。

观此所述，五通之为害，实有不可思议者。又如清朱象贤《闻见偶录》所云：

吴俗有五通神，相传为明太祖定鼎后，梦中求封者甚众，由是令各处乡里立小庙，每祀五人，以仿军中队伍之意，故俗称五圣。吴中之上方山建有大庙塑神像，正中一妇名太母，谓生五神者也。左列五男即为五通，右列五女为五夫人，谓五通之妻。旁侧有白发老者名马阿公，谓其仆也。能降祸福于人。睢阳汤公斌巡抚江南，奏于朝，康熙二十四年乙丑岁十月毁之，将上方山神像投于石湖；并行文各省，咸即投之水火。此患遂绝。按：吾乡有五昌五道之神，亦云明太祖所封，乡人极尊敬之，云犯者必死。甚矣，迷信之难破也。

是以五通为始于明初，且有“五昌”“五道”之称。然实非始于明太祖之所封，且既云每祀五人，此五人何得共为一母？可知此说不过相传而已。按：宋吴曾《能改斋漫录》云：

嘉祐中，临川人伍十八者，以善裁纱帽入汴京，止于卿相晏元献宅前，为肆以待售。一日至保康门遇五少年蹴气球，伍生素亦习此，即从少年蹴之。少年见伍生颇妙，相与酬酢不已。时日已酉，四少年将去，曰：『大哥不归乎？』其一人曰：『汝先去，吾与球士饮酒耳。』乃邀伍生上酒楼饮之，尽四角，问生本末甚详。饮罢，取笔写帖付生曰：『持此于梳行郭家取十千钱，与汝作生业，受之系衣带间。』少年又曰：『夜深矣，汝勿归，且随我至吾家宿可也。』伍生从之，至一处，引生于三室前，指一明亮者曰：『汝卧此中，终夕勿出户，虽有溲溺，亦于壁隅可也。』又戒曰：『慎勿窥此二室，将惊汝。』生唯诺，然心疑其言，未晓辄起，推二室，户扉阒然，一室四壁皆钉妇人婴儿甚众，一室有囚无数方榜掠号泣，生畏而退，复就卧室。俄闻宰相入朝传呼声，生不复寐，待旦而去。及天明，乃在保康门内西大石上，甚怪骇。顾视笔帖仍在，遂诣郭家取钱，郭如数与之。生自是谋运稍遂，其后家于楚州。五少年，京师人谓五通神也。

是五通神在宋时已有之，而且不限江南，北方也有的，其情形一如狐妖的惑人，不过狐常变为女人而此则仍为男子。此外宋洪迈《夷坚志》中所载亦多，不详引；且有祠庙，亦与后来相同。而托名唐柳宗元的《龙城录》也说柳州有五通神，则不但宋有，而唐也有之了。大抵此种皆由巫觋惑众而来，或因神仙有五通不死之说，附会成之，断无真有此妖，否则汤公一毁，何以就会绝患了呢？

一九 白蛇

White Snake

以白蛇为妖精，化为妇人，与许仙结婚，终为法海和尚镇压于雷峰塔下，这个故事，今日殆为妇孺皆知，不但弹词宝卷旧戏都有，甚至电影话剧里也曾摄编过。大家都认为若有其事，由蛇变成了妖精，由妖精变成了女人，这过程与狐妖好像是同样的。不过狐妖是到处都有的，大家都不曾集中哪一个狐妖，而蛇妖故事虽多，如《太平广记》所载，就有四卷一百则之多，大家却都不去注意，而独注意那个白蛇变成的白娘娘，这真可谓异数极了。推想起来，这还是由于文人们宣扬的缘故罢，因为别的妖精没有像白蛇被人写成那样多的作品，因此白蛇无怪为人们所熟知了。

以今日所知记载，那个白娘娘白蛇的故事，该是明冯梦龙辑的《警世通言》的《白娘子永镇雷峰塔》了。冯氏原是辑前人的话本而成的，这一篇据今人的考定，大约是南宋时的产物，为南宋时说话人的底本，就是所谓话本。现在弹词宝卷平剧等等的《白蛇传》或《雷峰塔》，大抵就是根据这话本而改编的，其间当然也有许多的变迁，说详后。

前乎此者则为唐郑还古所撰的《博异志》，内有《李黄》一则，是颇与这故事相近的，兹照录如下，以供参证：

元和二年，陇西李黄，盐铁使逊之犹子也。因调选次，乘暇于长安东市者，见一犊车，侍婢数人，于车中货易。李潜目车中，因见白衣之姝，绰约有绝代之色。李子求问，侍者曰：『娘子孀居，袁氏之女，前事李家，今身依李之服方外除，所以市此耳。』又询：『可能再从人乎？』乃笑曰：『不知。』李子乃出与金帛，货诸锦绣，婢辈遂传言云：『且贷钱买之，请随到庄严寺左侧宅中，相还不晚。』李子悦，天已晚，遂逐犊车而行，殆夜方至所止。犊车入中门，白衣姝一人下车，侍者以帷拥之而入。李下马，俄见一使者将榻而出云：『且坐！』坐毕，侍者云：『今夜郎君岂暇领钱乎？不然，此有主人否，且归主人，明晨不晚也。』李子曰：『乃今无交钱之志，然此亦无主人，何见隔之甚也？』侍者入复出曰：『若无主人，此岂不可？但勿以疏漏为诮也。』俄而侍者云：『屈郎君。』李子整衣而入，见青服老女郎立于庭，相见曰：『白衣之姨也。』中庭坐少顷，白衣方出，素裙粲然，凝质皎若，辞气闲雅，神仙不殊，略序款曲，翩然却入。姨坐谢曰：『垂情与货诸彩色，比日来市者皆不如之。然所假如何，深忧愧。』李子曰：『彩帛麄缪，不足以奉佳人服饰，何苦指价乎？』答曰：『渠浅陋，不足侍君子巾栉，然贫居有三十千债负，郎君倘不弃，则愿侍左右矣。』李子悦，乃于侍侧俯而图之。李子有货易所先在近，遂命所使取钱三十千，须臾而至。堂西间门，剨然而开，饭食毕备，皆在西间。姨遂延李子入坐，转盼炫焕。女郎旋至，命坐，拜姨而坐。六七人具饭，食毕，命酒欢饮。一住三日，饮乐无所不至。第四日，姨云：『李郎君且归，恐尚书怪迟，后往来亦何难也。』李亦有归志，承命拜辞而出。上马，仆人觉李子有腥臊气异常，遂归宅，问何处许日不见，以他语对，遂觉身重头旋，命被而寝。先是婚郑氏女在侧，云：『足下调官已成，昨日过官，觅公不得，其二兄替过官已了。』李答以愧佩之辞。俄而郑兄至，责以所往行，李已渐恍惚，只对失次，谓妻曰：『吾不起矣。』口虽语，但觉被底身渐消尽。揭被而视，空注水而已，唯有头存。家大惊慑，呼从出之仆考之，具言其事。及去寻旧宅所，乃空园。有一皂荚树，树上有十五千，树下十五千，余了无所见。问彼处人，云：『往往有巨白蛇在树，便无别物。』姓袁者，盖以空园为姓耳。

这个故事，虽与后来《白蛇传》大异其趣，但“白衣之姝”与“青服老女郎”却与白娘娘和小青青很相似，则宋人话本中的一部分也许就根据于此的，后文虽绝不相似，盖又经一番变化过了。不过话本里也没有像后来所谓“盗草”和“水斗”的事，并且把白娘娘还形容得很可怕，时常说出妖怪的凶话来，虽没有把许宣（话本里叫许宣）立刻害死，但也曾对许宣这样说过：“我如今实对你说，若听我言语，喜喜欢欢，万事皆休；若生外心，教你满城皆为血水，人人手攀洪浪，脚踏浑波，皆死于非命。”这血水颇似上文“空注水而已”，不但许宣一人而已，还要害及满城，其用意似更为凶毒。此故事传到明时，被墨浪子编入《西湖佳话》里，名为《雷峰怪迹》，大部分虽仍依照话本，但已写得和柔一些，那种恐吓的妖怪话，已经没有了。到了清初，黄图珌改编传奇，名为《雷峰塔》，凡三十二出，写白娘娘更近人情，宛如好女子一般，而“盗草”“水斗”便由他加进去的，无非为了各种脚色都有戏做，所以让武生武旦也来一套武行而已。

自后改编的人很多，有十余种之多，最后则为方成培的改本，共分四卷三十四出。后来则又有皮黄，以至现在各处的地方戏，也有《白蛇传》了。

在另一方面，至嘉庆时有玉山主人的小说《雷峰塔奇传》出版，计五卷十三回。接着又有陈遇乾的《义妖传》弹词出现，大体与前书无甚差异，只是由小说变为弹词而已。再后则又有《白蛇传》宝卷。于是本是一个可怕的妖怪吃人不见血的故事，变为美丽的恩义的罗曼司了，简直没有人怪之分，这当然完全是文士们笔底下玩弄出来的缘故。

我所以要叙述这许多《白蛇传》的变迁，正证明白蛇这个妖怪完全是人为的，一般文士们所幻想杜撰出来的，决不能作为真有其怪，实有其事，否则便不应该这样的变迁了。而且话本里所谓法海偈云："西湖水干，江潮不起，雷峰塔倒，白蛇出世。"现在雷峰塔早于一九二四年九月间倒了，却没有听到白蛇出世的消息，再来演一番像她过去的故事，难道真要再到"西湖水干，江潮不起”的时候吗？那怕是要等地球毁灭的时候了。

最后，我还要引两人的说法，认为这故事是伪造的。第一，钱静方《白蛇传弹词考》云：

予尝思之，此书决为释教中人所作，盖大丛林之僧徒，多有粗通文字者。或者湖上寺僧，见西湖旧有白蛇之说，因即附会其事，编成此书，以见佛法无边，愚人耳目。不然，书中叙白娘娘之妖术，何但能胜茅山之道，而不能敌金山之僧耶！此中盖自有故焉。

"附会其事""愚人耳目",可知钱氏根本不认这是实有其事的,只是僧徒们伪造而已。第二,赵景深的《白蛇传考证》云:

《白蛇传》虽非专阐佛教,其来自印度,却有可信之处。本来有一派研究故事就说过,一切故事起源于印度,又何况是蛇的故事,怎能使人不疑心出自蛇之国呢!大约这《白蛇传》故事是从印度来的,另外印度又把这故事传到希腊,以致英国济慈(John Keats)有根据希腊神话而写的七百行长的叙事诗《吕美亚》(现译《拉美亚》——编者注)(*Lamia*)。这故事中李雪斯(Lycius)就是许仙,吕美亚就是白蛇娘娘或白云仙姬或白素贞,阿坡罗尼阿斯(Apollonius)就是法海和尚。的确,《吕美亚》与《白蛇传》相似之点极多。吕美亚的金银器房屋和什物都是假的,白蛇娘娘的元宝汗巾檀香之类也都是盗来的;吕美亚哭,希望阿坡罗尼阿斯不要说她是蛇,白蛇也几次哀求法海和尚。再有吕美亚最怕阿坡罗尼阿斯,时加引避;白蛇娘娘也屡次叮嘱许仙不要与法海和尚来往。凡此诸点,都是相似之处。由此足以证明,《吕美亚》与《白蛇传》确是同系的故事了。

这是更新的发现，最足见中土根本没有这个白蛇的妖怪。至于印度怎样产生这种蛇的故事，那是另一问题，无需我们这里再详述了。而《博异志》中的李黄故事，当然也只是传说而已，决不会实有其事的。

二〇 狐妖

Fox Spirits

不贪为宝

百兽之中，中国人对于狐似乎特别具有兴味，而且也看得神秘一些，居然会说它百岁之后化为美女，千岁之后化为淫妇。又说它本是古代的淫妇，名叫阿紫，后乃化而为狐。（均见明黄省曾《兽经》所引，前说谓本之郭氏《玄中记》，郭氏相传即为郭璞。后说本之《名山记》，作者不详。）

因为有这样的说法，所以自来文士作笔记或小说，总是爱提到它，古的如《搜神记》《广异记》等等，近的如《聊斋志异》《阅微草堂笔记》之类，谈狐的故事，真是屡见不鲜。而长篇小说《封神传》，虽是殷周盛衰的故事，而其实不过写狐精妲己的一生，所以小说的开头，便是写殷纣进香女娲宫，因题诗渎神，神遂命三妖惑纣以助周。三妖之中，自然以狐精最有魄力，其余不过作为附翼而已。又如《平妖传》一书，此妖也是一个狐精，结果大乱天下，费了官军许多的力才得平定。

其实狐的动物决不能活到百岁或至千岁。据动物学家告诉我们，它的寿数至多不过十三四年而已，所以

狐妖 百兽之中，中国人对于狐似乎别具有兴味，而且也看得神秘一些，居然会说它百岁之后化为美女，千岁之后化为淫妇。

说它百岁千岁，根本是迷信之谈。然而迷信动物本来什么都可以的，为什么对狐格外有兴味呢？

如果我们拿中国所谓几部古籍来看，像五经诸子之类，可说对狐只是作狐的解释。当时所以要一再提到它，不过贪它一张皮，那是可以做裘的，是一种名贵的服装。如《诗·七月》：“取彼狐狸，为公子裘。”《礼记·玉藻》：“君衣狐白裘。”《墨子·亲士》：“千镒之裘，非一狐之白也。”其实这不但当时如此，现在也何独不然，狐裘还是属于上选的皮货。其次则无非说它性极狡猾，疑而不决，于是借之以喻邪人，如《诗·南山》：“南山崔崔，雄狐绥绥。”此狐旧说乃比齐襄公居高位而行邪行。又如《易·未济》：“小狐汔济，濡其尾，无攸利。”是说狐老者多疑，小者未能慎，故济水濡尾，而仍不能济。是此种解释，皆极正当，绝无有迷惑之言。即使志怪之书如《山海经》《穆天子传》等，也不过是“青丘之山有兽焉，其状如狐而九尾，其音如婴儿，能食人，食者不蛊”。（《山海经》）“天子猎于滲泽，于是得白狐玄貉焉，以祭于河宗。”（《穆天子传》）均没有变化人形之说。

到了汉代，诸书所载，亦大抵如此，可以不再一一引证。只有《西京杂记》载：“广川王去疾发栾书冢，棺柩明器，朽烂无余，有一白狐，见人惊走，左右击之不能，伤其左足。”这本也极平常的事，兽类大多爱居古冢之中，以为巢穴。但后却说：“其夕王梦一丈夫，须眉尽白，来谓王曰，何故伤吾左脚？乃以杖叩王左足。王觉，脚肿痛生疮，至死不差。”这当然是附会之谈，然而此狐还毕竟不会变作美女。只是化一老人，而且事在梦中，也与后来所说不同。还有《西京杂记》是否为汉刘歆所撰，现在也大有疑问，有许多都主张这是晋时葛洪所伪托的，那么汉代也还没有狐妖之说。

说到葛洪，我就怀疑狐妖之说，就是他所瞎造的。史称他：“尤好神仙导养之术。从祖玄，吴时学道得仙，号曰葛仙公，以其炼丹秘术，授弟子郑隐。洪就隐学，悉得其法焉。”可知他之好道，原是学有渊源。今人亦谓自东汉张陵创道教以后，至魏伯阳从而和之，道教的学理基础始立，至洪更著《抱朴子》一书，认神仙鬼怪为必有物，于是道教的真相更为明显。试看他的《对俗篇》云：“狐狸豺狼皆寿八百岁，满五百岁则善变为人形。”他虽说此文根据于《老君玉策记》，然《老君玉策记》不正是道家的书吗？

葛洪之后有郭璞，这也是晋代与葛洪齐名的谈神仙鬼怪专家。郭氏《玄中记》是否为他所作，我们不得而知，但如《晋书》他的列传也曾有过一则狐的故事，那是可信他也相信狐会成妖。传云：

暨阳人任谷，因耕息于树下，忽有一人著羽衣就淫之，既而不知所在，谷遂有娠。积月将产，羽衣人复来，以刀穿其阴下，出一蛇子便去，谷遂成宦者。后诣阙上书，自云有道术，帝留谷于宫中。璞复上疏曰：『任谷所为妖异，无有因由。臣愚以为阴阳陶烝，变化万端，亦是狐狸魍魉，凭假作慝。愿陛下采臣愚怀，特遣谷出。臣以人乏，忝荷史任，敢忘直笔，惟义是规。』其后元帝崩，谷因亡走。

任谷不知为男为女，居然因羽衣人一淫，即能产蛇。看郭璞的疏文，则此羽衣人，大似狐狸所化。《玄中记》今亦有传本，说："狐五十岁能变化为妇人，百岁为美女，为神巫，或为丈夫，与女人交接，能知千里外事，善蛊魅，使人迷惑失智，千岁即与天通，为天狐。"与黄省曾《兽经》所引略有不同。既云百岁或为丈夫，则此羽衣人当是百岁所化的狐。所以如干宝《搜神记》之类，记狐也有书生，也有妇人，故不仅专化美女或淫妇而已。

至于干宝，原也是葛洪的好朋友，洪传称"干宝深相亲善，荐洪才堪国史"可为明证。《晋书》也有他的列传，说他："性好阴阳术数，留思京房夏侯胜等传。宝父先有所宠侍婢，母甚妒忌，及父亡，母乃生推婢于墓中。宝兄弟年小，不之审也。后十余年，母丧开墓，而婢伏棺如生。载还，经日乃苏，言其父常取饮食与之，恩情如生，家中吉凶辄语之，考校悉验，地中亦不觉为恶。既而嫁之，生子。又宝兄尝病气绝，积日不冷，后遂悟，云见天地间鬼神事，如梦觉，不自知死。宝以此遂撰集古今神祇灵异人物变化，名为《搜神记》，凡二十卷。"可知他的《搜神记》，是大谈古今灵异故事的。狐妖当然也是灵异之一，所以他也杂谈一些。然如仔细看他的故事，只有一则发生于后汉建安中，其余的出于晋时。是亦可知狐妖之说，最早不出于汉末，而至晋时方才大行特行的。

在他所谈狐故事之中，有一则可以值得我们注意的，便是说狐妖也有所忌，一是猎犬，一是千年古木，猎犬只能别数百年的，千年古木方能别千年老妖，照之则形立见。这种在《抱朴子》中，则还未曾说过，它只云："山中戌日称成阳公者，狐也。但知其物名，则不能为害。"(见《登涉篇》)干氏此言，据说出诸张华。大略说晋惠帝时，华为司空。那时燕昭王墓前，有一斑狐，变作书生，持刺来谒。华见他举动容止，顾盼生姿，与论经史百家，无不应声而出，因此疑此年少若非鬼魅，定是狐狸。华初以猎犬试之，狐竟毫无惧色。后知燕昭王墓前的华表木已经千年，乃遣人伐来，燃之以照书生，果然立显原形，烹之而死。按：张华为晋代名臣，史称他“雅爱书籍，天下奇秘，世所希见者，悉在华所，由是博物洽闻，世无与比”。著有《博物志》十篇，乃类记异境奇物及古代琐闻，而未曾一说狐事，也足见此种所说，非张华自己伪撰，即由干宝代为捏造。但如《晋书·韩友传》所载，驱狐之法，还可用占卜的，则事更玄妙。现在也不妨抄录于此，以明晋人对于狐妖之学，实在大费一番研究之功的：

韩友字景先，庐江舒人也。为书生，受易于会稽伍振。善占卜，能图宅相冢，亦行京费厌胜之术。刘世则女病魅积年，巫为攻祷伐空冢故城间，得狸鼍数十，病犹不差。友筮之，命作布囊，依女发时，张囊着窗牖间。友闭户作气，若有所驱，斯须之间，见囊大胀如吹，因决败之，女仍大发。友乃更作皮囊二枚沓张之，施张如前，囊复胀满，因急缚囊口，悬着树，二十许日渐消，开视，有二斤狐毛，女遂差。

是女病完全为狐妖作祟，故虽得狸鼍数十，病犹不差，此所谓道不同不相为谋，亦无怪其然也。至如韩友此法，大约用以咒语，故与张华之法不同。然而咒语如何，则非韩友复生，吾人恐不能得其究竟。不过在《南史·顾欢传》中，却有这样一段记载，说是山阴白石村多邪病，欢往村中，一个大讲《老子》，一个令人作狱，过了一会，即见狐狸自入狱中，病者皆愈。这样看来，韩友咒语，恐怕也是《老子》，然则《老子》一书，还有驱狐妖的魔力，真是前所未闻的。

但是事情也有例外的，如唐代王义方从乡人郭无为学道术，郭教他使野狐，他虽能呼，但狐却不伏使，反掷瓦甓击义方，并闻空中有声云："有何神术而欲使我乎？"他竟不能禁止，结果一病而卒。（见张鷟《朝野佥载》）这也许是王义方的道术未精，或者此野狐还未成妖，所以不能使他伏使罢！

除上述诸法以外，隋末王度所作的《古镜记》，据说此镜也能驱狐，不但不可逃形，而且窜迹无路。颇如后来《白蛇传》中的法海，能用手钵使白蛇伤身，而无法遁脱的。

到了唐代，谈狐的作品愈多，如《广异记》《宣室志》之类，都是连篇累牍，述不胜述。所以至宋撰《太平广记》，专录狐事的，竟多至九卷。不过所谈往往开门见山，一望知为异类，未免使人索然寡味。且所谈亦不外乎狐妖作怪，使道士作法而已，亦使人多见之后，望而生厌。惟其中也有一篇，在这里得特别提出的，那便是沈既济所作的《任氏传》。这原是唐代新兴文体传奇文之一，内容虽然也是谈狐，然而写法可说与众不同，使人骤看起来，决不以为她是害人的妖精。

故事大略是这样的：唐天宝九载，有郑六者，不详其名，好酒色，因贫无家，托身于内兄韦崟家中。有一天，他乘驴行于长安升平的北门，碰到三个妇人，其中穿白衣的最有容色。他遂戏而挑之，跟随她们到乐游园。那时天已昏黑，只见一个大宅，土垣车门，白衣的就向内而入，回头却对他说："愿少踟蹰！"于是只留一女奴守门。他问女奴，方知白衣的姓任。果然不久之间，请他入内，先由任氏之姊招待，列烛置膳。后来任氏更妆而出，妍姿美质，殆如天仙，郑就留在她家过夜。可是天将明时，她即促他速去，说是有兄弟到来，不可淹留。郑既出门，路上遇见一卖饼的，问他那里究是谁家第宅，卖饼的却说那是一块弃地，并无第宅，只有一狐，常诱男人住宿。郑于是才知任氏乃属异类，然想到她的艳丽，仍存一见之心。这样过了十日，郑偶游西市，忽见任氏正在衣肆中买衣，郑上前连呼，任氏却背立不肯相见，说："公知之，何相近焉？"郑说："虽知之何患！"并发誓决不相弃，任氏因此也愿终身相事，于是税屋以居，且向韦假什器。韦本亦好色之流，一见任氏，即欲求欢，却被任氏厉色相拒，韦遂不敢。但任氏以饮食所需，皆赖于韦，也想有所报谢。恰巧韦见一吹笙女子，娇姿艳绝，问她可曾相识，任氏便说："此宠奴也，其母即妾之内姊也。"遂设法密引，与韦相通。不意过了年余，郑竟调授槐里府果毅尉，欲邀任氏俱去。任氏知此去

狐妖

《鬼董狐》有一段文字云："夫物之魅人者必以淫，淫者其自魅也久矣，已魅而物之魅类至矣。"……倒可解释狐之魅人，正也如此。

不利，坚不允许，但郑仍再三固请，任氏不得已，遂与同行。果然到了马嵬，恰巧在西门圉人教猎狗于洛川，与任氏相遇，任氏即歘然坠地，复本形而遁。结果为狗所获，丧生而死。郑乃衔涕出钱为之瘗葬以去。

这故事初看起来，虽没有像其他的传奇离奇曲折，平淡得很，然而为狐妖的任氏，写得这样真具人情，和易可亲，实在前所未见。后之《聊斋志异》，其载狐事亦能如谈平常故事，未始不受它的影响。不过也得注意，便是狐妖故事一到宋明，谈的就不很多，大部如洪迈的《夷坚志》，原是全谈鬼怪之书，然而说狐的事却极罕见。世传关汉卿所撰的《鬼董狐》，也只谈鬼事而没有狐事。不过其中有一段文字云："夫物之魅人者必以淫，淫者其自魅也久矣，已魅而物之魅类至矣。"这虽仍说物魅为必有，但说原因是已魅，正与"色不迷人人自迷"之理正同，倒可解释狐之魅人，正也如此。以我推想，狐本无也。中国人自来思想，总以为一切皆有物为主宰，善则为神，恶则为妖，已魅既久，无可怪之，于是就怪之于妖。病可说妖作祟，继而至于一个绝顶聪明或绝美艳的人，也可诬之为妖，因为事非希有，视当例外。此妖本无可指，于是索性名之以狐，此所以狐又有或为美女或为丈夫之分也。而丈夫毕竟不及美女，于是更有狐能专化美女淫妇之说。在说者则偶然是夜中梦见而已，在听者则以为像煞真有其事，遂致缠绕不分，狐的故事便多。盖大多以虚为实，故往往说它无意而逢，又由实为虚，故往往说它倏然而去，根本不出一个“无”字。这不是我的狐妖哲学，实在狐之为狐，恐怕如是而已。

附录

Appendix

一

在《心理学杂志》里，有张耀翔先生的《国人之迷信》。张先生是一位心理学家，所以他这篇文字，完全研究性质，取材既很宏博（都是从实际调查而得，遍及全国），研究也很精到。像我外行的人，当然不配再谈。不过我看了张先生所调查的，有许多迷信为我们所不知道；或者即使知道而各地却不相同，彼此比较起来，也是一件很有趣味的事。所以我就把张先生调查所得的现成资料，拿来凑趣地谈谈，或者也可供读者茶余酒后之一助罢！

张先生那些国人迷信资料，据他自己说，是从前北京高师、女高师、中国大学在他心理科上课诸学员中调查而得的。人数约计三百，代表二十行省。初次集合的三千条，将关于宗教、鬼神、祭祀、祈祷、星算、占卜、来生、前世，以及重复者除外，尚余六百八十五条。按照每条主要字句，分作天象、时令、人、身体、鸟、兽、虫、植物、用物、食物、行动、杂类等十四类。其中以属于身体者为最多，有一百六十二条；用物次之，有八十条；植物最少，仅八条。这样看来，张先生所研究迷信的范围，已经把主要的除去，而剩下的只是普通迷信而已。正因为如此，所以有些迷信，我们有不知道的，而且知道的又有与各地不同的地方。否则同样说宗教鬼神之类的迷信，各地决不至于全不相同罢。

我现在已把张先生那篇大文内容介绍完毕，就要谈谈我所认为有趣味的事了。

首先是天象类的迷信，实际上就是一般所谓农谚，像“月亮生毛，大雨泡泡”“小暑一声雷，翻转做重霉”，实在没有什么新鲜花样儿可以说的。接下去的是时令，有几种也近于农谚，可以不必再举。不过有许多却说人事的吉凶，其中一则是安徽桐城人说：“元旦吃狗肉，今年岁岁足。”我不是桐城人，也没有桐城的朋友，不知确有此迷信否？但张先生是调查得来的，写的人当不至于瞎写，那么这迷信实在有些神秘。记得清代有两文人，吃狗肉是有名的：一位是金圣叹，一位是郑板桥。金圣叹吃狗肉讲佛经，因此大为士林所物议，结论不得善终，虽然他死的直接原因，并不是为狗肉。郑板桥吃狗肉，据说当时遐迩闻名，倘使有治此而相邀者，虽有急事也不顾而往，所以人们往往以此赚他的书画，事无不利，这颇如陶渊明爱酒的作风。但郑总算也得高寿，并非如金的尴尬。不过这两位先生，都不是桐城人，所以说部中会替他们特地记载起来。如果是桐城人的话，既然元旦吃了可以一岁丰足，那么常吃自然也不必打紧。但不知名士如方姚之流。他们也曾为迷信尝过此种风味否？

其次说到除夕，四川郫县有：“除夕洗足，次年至各处赴筵席皆不误期。”湖南武冈有：“除夕洗澡，次年不欠账。”不论洗足与洗澡，这在别处人看来是一件常事，像郫县武冈人说法，那恐怕大都没有想到过的。筵席不误期倒是小事，不欠账除非就是自己发财的另一种说法，那么这次洗澡，实在具有深意的了。但不知武冈要欠账的人们，也曾想到这一着否？

第三类是人，河南洛阳有："妇人跌地，雨。"同地又有："令独种女以石向天际击去，雨即止。"女人还有如此妙用，那倒是别地所未闻的。第四类身体，四川有"头大愚笨"，那与我乡鄞县"头大享福"适成反比。眼皮跳动，差不多各地都有迷信，但也多相矛盾。如福建漳浦说："左眼跳吉，右眼跳凶。"广东澳门却说："左眼跳灾，右眼跳财。"而江西人又说："左眼跳财，右眼跳喜。"至安徽桐城则分男女，谓："男子右眼跳财，左眼跳祸，女子则反是。"最妙的是陕西大荔，说："右眼在巳午两时跳，将享盛馔。"享盛馔而也会眼跳，这在贪嘴的人听了，至少是一件佳兆罢！至如河北定兴说"胖人多福"，又有一则不详地名说"胖人少后裔"，那做胖人倒也要择地方的。"弟媳比嫂身体高，家运好。"也不详地名，不知现在各地做父母的，也曾为儿女顾到这一点否？

否则大可不必先问八字，且把身长量量再说。浙江宁海说“耳痒被人议论”与福建漳浦说“耳痒被家中人思念”，这倒与湖南湘潭说“喷嚏被人议论”与汉口说“喷嚏被人思念”同一反比。而指纹的迷信，张先生搜集特多，且为列表，实在有趣得很，兹照录如下：

地域＼锣数	1	2	3	4
浙江杭州	富	贵	开当铺	磨刀枪
福建莆田	炊	半天飞	无米煮	无米炊
江苏苏州	巧	拙	拖棒掘	碗不识
安徽怀宁	贫	富	开当铺	插金花
江西宁都	贫	富	畜猪	卖豆腐
湖北夏口（今汉口——编者注）	穷	富	开当铺	开当铺
湖北武昌	穷	富	开当铺	开当铺
湖南长沙	穷	富	开当铺	开当铺
四川江油	穷	富	穿麻衣	穿麻衣
广西桂林	穷	富	开当铺	开当铺

续表

地域＼锣数	5	6	7	8
浙江杭州	杀爷娘	做豆腐	银子盛脚炉	银子盛脚炉
福建莆田	相公	乞丐	富	轿夫
江苏苏州	穷	富	相公	长工
安徽怀宁	骑白马	懂一懂	挑粪桶	摇一摇
江西宁都	打马过金桥	平平过	想官做	打死人
湖北夏口（今汉口——编者注）	驾盐船	驾盐船	做大官	做大官
湖北武昌	冬	镗	挑粪缸	挑粪缸
湖南长沙	骑花马	骑花马	挑柴卖	挑柴卖
四川江油	戴顶子	戴顶子	打饼子	打饼子
广西桂林	卖萝卜	卖萝卜	金银做秆锤	金银做秆锤

续表

地域 \ 锣数	9	10
浙江杭州	讨饭没路	讨饭没路
福建莆田	挑柴卖	做大官
江苏苏州	坐官船	骑白马
安徽怀宁	捶粪瓢	背金包
江西宁都	做中人	十足
湖北夏口（今汉口——编者注）	讨牢饭	讨牢饭
湖北武昌	一生不下烂泥田	一生不下烂泥田
湖南长沙	中状元	中状元
四川江油	不下田	中状元
广西桂林	九不全	中状元

看这一个表，可知各地所说指纹迷信，全不相同。而且彼此正多矛盾之处。如一锣（现作螺——编者注）的富与穷，二锣的贵与拙，三四锣的开当铺与麻布，五六锣戴顶子与卖萝卜，七八锣做大官与挑柴卖，九十锣中状元与讨牢饭折衷办法，如多数可信于少数，那么可以列一表如下：

一锣	穷（十中有七）
二锣	富（十中有八）
三锣	开当铺（十中有六）
四锣	开当铺（十中有四）
五锣	相公（包括骑白马，打马过金桥，骑花马，戴顶子。）
六锣	做豆腐（包括懂一懂，平平过，驾盐船，卖萝卜。）
七锣	做大官（包括银子盛脚炉，富，相公，想官做，金银做秤锤。）
八锣	轿夫（包括长工，摇一摇，打死人，挑粪缸，挑柴卖，打饼子。）
九锣	讨饭没路（包括挑柴卖，捶粪瓢，做中人，讨牢饭，九不全。）
十锣	中状元（包括做大官，骑白马，背金包，十足，一生不下烂泥田。）

是九锣最坏，一锣次之；十锣最好，二五七锣次之；三四锣平平，六锣又次之。

再次关于鸟兽类之迷信，不外是鸦鸣凶，鹊鸣喜，几乎全国已表一致，可无庸议。母鸡不鸣而鸣，自是凶象；然而生了一个软蛋，便属不祥（四川潼南），则未免有些多事。至如狗哭猫叫，据说也都不利。不过狗哭似乎少闻，养狗的人自也不必忧虑；只是猫叫最是常事，而且春天一到，更所难免，如果不许它叫，未免戕害它的天性，不知安徽贵池（今池州——编者注）人（据说出自该地）究用何法以防止这凶音的？

至于虫与植物，所举不多，普通得很，兹均略而不谈。第九类用物，颇多"客来"的迷信。据张先生说："迷信代表旧社会心理。旧社会人们家居无事，最喜会客，故希望客来之迷信特多，所以像灯烛开花，食咬筷子，壶嘴相碰，抹布落地，帘子搭拜等，都是客来之兆。"但最妙的是客来之后，若恨他久坐不走，也有迷信方法，如用帚倒着扫地，扫毕将帚倒靠在门角内，客必走。

（出自湖北孝感）而湖南湘潭又有：“地上放灯，引贼入门。”北京却又有：“晚上怕贼，将茶杯覆倒一个，贼不能来窃。”一何引贼之易，一又何去贼之便耶？至如“孕妇床顶上挂有他项物件，将生之孩子必骈指”（四川），“家有孕妇而补窗，将生瞎子”（湖南湘潭），“孕妇床头置刀剑，所生子多缺唇”（不详），“新夫妇交拜时，堂屋侧置秤，生子驼背”（四川）。是则做孕妇与新夫妇者，真要慎之防之。但不知跛子、蛇手之类，事前亦有所忌否？

至食物、语言、行动、杂类诸迷信，所举不多，均无新奇趣味，现在也略而不谈。最后说梦，这也可说迷信的大本营。我国古时就有占梦之官，专解梦的吉凶。此在西洋，也多如此，故不仅我国为然。现在仍依张先生所调查的，摘录几则来谈谈。

张先生所举梦的迷信共五十九则，其中吉凶各作其半。吉的系生子、发财、做官、高升等，凶的像死人、口角、破财、生病等。大约要生子，则梦蛇（山西万泉〔今山西万荣县南——编者注〕）、梦月（湖北）、梦枣

(河北博野)、梦星(北京)、梦果(江苏吴县),要发财则梦白(河北定兴)、梦火(江苏无锡)、梦棺材(山东诸城)、梦水里摸鱼(同上)、梦流血(湖南沅陵)、梦鱼(四川富顺)、梦蛇追赶或缠身(不详),死人则梦落雪(四川广安)、梦空棺(浙江)、梦落牙(丧父母,湖南沅陵)、梦食肉(死亲人,江苏宜兴)、梦穿红(江苏无锡)、梦亲友笑(亲友已死,不详),口角则梦吃饭(江苏无锡)、梦看戏(四川广安)、梦与小孩玩(北京)、梦鸡啄(四川江油)、梦鸡蛋(陕西扶风)。其余例子不多,不再举。妙的是同样梦棺材,会发财,也会死人,不过一个是空棺而已。同样梦白的,也是会发财,会死人,不过一个是落白雪而已,然而雪原也是白色物的一种。同样梦红的,也是会发财,会死人,不过一个是血的红,一个是衣的红。蛇可以使人发财生子,鸡则总要与人口角,蛇鸡诚亦有幸与不幸,吃饭能与人口角,而湖南沅陵又有生病之兆,是则吃饭在现世界,不但醒时难,连梦里也是难的。

不过梦若不祥,据说也可解脱,如山东寿阳:“夜梦一个猪，明天写份书。有人来问我，可破这个污。”大约梦猪不祥，所以云破污罢！又如陕西三原：“夜梦不祥，贴在东墙，太阳一照，化为吉祥。”这话更为明显，而情形恰与上同。

关于国人的迷信，就如上面所述。张先生在开端有一段文字，说：“吾国民智未开，思想未科学化迷信之多，恐世界无比。幸以交通不便，各处迷信尚未能流传全国，正可从事搜集，告人大愚，此本文所由作也。”张先生的用意，可谓至深且长。谨引此数语，以为结论。

二

一般自认为受过西洋文明洗礼的人们，总以为迷信也像是我们古老中国的“国粹”一样，在西洋是不会这样多的，因此大叹中国思想陈腐，科学落后，一切非赶紧洋化不可。

固然，教一个西洋人到庙里去烧香敬神，那是不可能的，而且穿着挺直西装，跪拜起来，多少使人有些不大入眼。可是他们一到礼拜堂里恐怕这些就如"家常便饭"，神字不过换做上帝，红蜡不过换了白烛。这事情如果并看起来，我不知道相差究竟在什么地方，然而有许多人总是要说前者是迷信鬼神，后者是信仰宗教。

就说这种是信仰宗教，不涉迷信，但西洋人对于"十三"是一个极重要的讳忌，前几年还有一种"幸福之连索"的把戏，居然也流传到中国，那不能不说是他们的迷信罢。至如英国赖爱德（Arthur Robertson Wright）所著的《英国民俗》（*English Folktone*），那中间讲到英国人的迷信，真是俯拾皆是，颇与我国有不合而同之处。足见"人同此心，心同此理"，迷信之举，中西固多一律的。

譬如说罢，中国人是最迷信八字的，就是每个人所生的年月日时的干支，这本没有什么哲理可说。可是英国人也正有此种迷信，如他们俗语所谓"硬谷果的大年，也就是小孩的大年”，这是指年而言。同时在英格兰北部有种歌诀，便是说出生的日子，即可预示他们将来运命的好坏：

星期一生，外表堂堂；星期二生，福禄永昌；
星期三生，命苦无常；星期四生，必走远方；
星期五生，财多名扬；星期六生，家无宿粮；
星期日生，伶俐有光。

生日以外，生时也被认为有关，通常都以为早上出世最能长寿，渐晚则渐短促，而且在东安格利亚（East Anglia）一带，一般以为小孩堕地如果正在教堂大钟发出和声时（即三—六—九—十二点），则必定格外聪敏。这种与我国的八字，正不谋而合，所差的不过没有所谓月份，和计算时日方法有些不同罢了。

而且他们于小孩生产以后，还有种种迷信，这在中国恐怕还没有的。如英国前首相鲍尔温（Stanley Baldwin）曾经这样说过：

我生的那天，我们家里的Bewdley籍女厨师把我包一条毡毯，她因为希望我将来能够步步高升，就依规矩抱我走上几步楼梯。但她还想我成为一个前途非常伟大的人物，所以竟一气走到顶级，到了以后，她在某一间屋顶小室的当中放了椅子，然后抱着让我站上，她将我高高地举起。

这种规矩岂非就是迷信，然而鲍尔温居然正被中着，也足见迷信有时竟成事实，无怪至今还是有不可破灭的潜势力。此外如“颈上长黑痣，困苦必纷至”“不到一岁莫剪爪，好教母亲少烦恼”，我也不再一一细说了。

小孩长大便结婚，那中国人又要讲到男女两造的八字，还有什么五行。此外结婚日期必须选择，而与两造八字有关。同姓不能结婚，那因为是血统关系，然而到现在年代已很久远，彼此早已无血统可说，甚至像胡適《终身大事》中连田陈也不可结合，毕竟也成为迷信。这些当然对旧式婚姻而言，现在新式早已不谈了的。英国人虽然不像我们要配合八字，但是他们对于日期和姓氏倒也很讲究的。譬如五月这月里他们是不结婚的，俗有“五月把婚结，后悔来不及”。因为以前罗马在这月里曾举行“厉祭”的缘故。我们中国也认五月为毒月，而且六月七月向来也不举行婚礼，六月大约是怕天热，七月则有鬼月之嫌。至如“变姓却没变字母，不是变甜是变苦”，这就是说英国人对男女两造的结合，不可让姓的第一个字母相同的。这个限度，其实比我们同姓还来得厉害。如果我们也以注音字母第一字相同为不可结合，那么和陈相同的车、柴、程等姓也不可能的了，还不仅如胡氏《终身大事》中所说田氏出于陈氏那样的简单而已。

生老病死，有生必有死，这是人人所不能避免的一件事，然而好生恶死，又是人人所向往的一件事，于是趋吉避凶，对死便有大大的讳忌。即使不能不死，也得让它在可能范围之内，能够多稽延几许，这事中国人如此，英国人也何尝不然。他们几乎把稍微意外的事，如看见墙上挂画坠了，镜子破了，耶稣诞日的糕碎了，或者听见雄鸡在午夜前啼鸣，猫头鹰奇怪的叫声，都当作有死消息的一种预兆。甚至像猫儿死了，狗儿狂吠，鼠儿咬物等等极其平常的事，也竟与死字有关，那比我们中国人所想象的死，实在还来得广大。此外如人死以后，尸体如果并不变硬，三月之内必定再死人的；如果眼睛不闭，那是他还想找个伴儿同走；这也比我们中国人所迷信的来得厉害。中国人说人死不能瞑目，那是说他还有放不下的事，或者死得冤枉，所以如是，然而绝不是说他还要找个同伴。如果真是这样说法，那他的尸体，恐怕只好让他永远放在原来地方，没有人会去收殓的罢!

中国人死后便称为鬼，而且鬼竟也如人般另有一个世界。这个迷信虽然两千年前汉儒王充大声极呼竭力辨明过的，然而两千年后的今日还是有人深信无疑。这在英国也与我们不分轩轾，而且他们在报上和刊物上，还常常记载着鬼出现的消息，什么伊丽莎白女王鬼、安妮王后鬼、红衣主教乌尔赛鬼、大盗忒赛鬼等，简直都是历史上著名的人物，这种鬼，有的穿着白衣，有的穿着灰衣，像大盗忒赛鬼还像生前骑着骏马在路上奔跑，真是说得鬼生活与人生活完全一样，没有什么半点差分。而且他们还有一种叫喧闹鬼（polterghosts）的，那更是稀奇，居然会做出种种声音，还能使室内的物事，在空中飞舞。这种在中国不知道有没有的？我所知道的五通鬼倒与它有些相似，因为五通鬼据说也能够移动物事，放在这里会变到那里，不过要看见能在空中飞舞，那倒未曾闻见过。这样说来，五通鬼毕竟还要让他们喧闹鬼神巧一着的。

既然有鬼，而且鬼又是可怕的东西，就非避免不可，这在中国也有其种种的迷信的。而在英国，那么在人死的时候，邻居和亲友争来看尸，通常必定触它一下，触手尤佳；据说这样一来，便可表示与死者无仇，正像生前握手表示亲昵一般，可以使鬼不来为难。至于为死者备食物，这在中国原是一种重要的礼节，春祀秋祭，孝思不匮，已不能作为一种迷信。不过在西洋人看来是有些神秘的，尤其是信仰基督教的教徒，他们绝对不许有这种违教的举动。然而这在今日的英国也未尝绝对没有，不过他们不像我们真会摆起一席酒菜来的，只是一些果品面包奶油之类而已。有时他们也拿到坟头上去，如我们扫墓一般。

要想趋吉避凶，推命以外，还有占卜，那是预测将来的祸福，另有此种职业者专司其事。此种方法，名目不一，而英国人的花色好像比我国人还多一些。

据赖氏调查，单是伦敦一区，就有纸牌卜、看水晶球、看年法、相手、占星、触卜和千里眼等等。这种职业占卜家，据说方法是日新月异的，因为有一般商贾们，早将旧有方法，为便利众人自卜起见，制成了种种的卜具。譬如纸牌卜就是在纸牌上印了占卜种种的符号；水晶球也在上面先刻了各样的数目，无论哪个只要把它和一张附表合用，便可以自卜休咎。这门生意既被夺去，所以他们非另想新法不可。此外他们还有一种找溺尸的卜法，在这里顺便谈一谈。

他们是用一块挖空的面包，里面盛些水银，让它放在河中漂流。据说一漂到尸体所在的地方，那块空面包便会停着不动，或者在附近旋转起来，然而有时听说并不怎样灵验。

中国人有一种卜法叫做“轮时间”的，就是数着时间，可以找到人或事物，知道他在某方。这种在英国也大通行，尤其是妇女们要想卜她身旁的人儿，常常用此方法。不过她们是一边数一些果核或纽扣之类的小物件，一边念着：“是今年，是明年，是总有一天，是永远不然。”只要心诚，据说无论什么东西都可以来卜，同样得到灵验。还有一个方法，据说先在一件东西上面画一箭头，然后自己双目紧闭，旋转身子，直到忘了原来方向，将手中所拿画箭头的东西从头上往背后掷去，看那箭头所指方向，再去找寻物事，就能如愿以偿。

占卜其实也并不限于人为的方法，有时却可取于自然界中。譬如中国人以鹊鸣为喜，鸦叫为凶，所以鹊总是称为喜鹊，而鸦则在旧剧中更把它固定为凶禽，只要剧中人有凶事到来，事先必让它在台上叫三声，以示凶的预兆。这在英国则认为鸽是最不祥的鸟，只要它停留在人家屋上，这家必定会死人的。甚至鸽毛也为不祥之物，如床上或枕中有了它，要死的人便不容易死去。至于喜鹊，倒也与我们相似，不过不可只有孤独的一只，否则也还是不吉。他们的俗谚有云：“一鹊报愁，二鹊报喜，三鹊报婚姻，四鹊报儿女……”花样又比我们多得多了。

说到这里，他们还有一件最可发笑的迷信，便是向蜜蜂报丧。据说他们养蜂的人家，如果遇到家主死了，家人必须也向蜜蜂报丧。通常还用黑绉纱打了一个结，系在蜂窝上面，算作它们也为家主戴孝。假使不告诉它们，它们也便死了，岂非得罪了它们？所以周到的人家，还须继子亲自告蜂。那样郑重其事的举动，在中国恐怕任何地方都没有的。

植物之类可以预卜吉凶的，每年第一次开的菊花不宜带到家里，或将此花赠与异性，否则等于咒他或她快死。苹果树如在结实后开花，这也是不吉的，家里有丧人的危险。胡荽无论如何不可把它移植，否则家里也要死人。此外还有许多，真是说不胜说。这在中国，还没有同样东西可以与之比拟。因为中国人以花草卜吉凶是很少的。

不过像下面以人身上发生痛痒而预卜未来如何，倒与我们若合符节。如说耳鸣必有人在说坏话，鼻痒是将有麻烦，右手痒主进财，左手痒主破财，脚跟痒主将往新地。至如打嚏有一首歌诀，如下面所列：

星期一打嚏，防危险近身； 星期二打嚏，有生客问津；
星期三打嚏，得一封书信； 星期四打嚏，必有事可成；
星期五打嚏，免不了伤心； 星期六打嚏，明日见情人。

那在我们中国却没有这样复杂了。中国人对于打嚏固然也有一种迷信，但不过是有人道我而已，没有祸福存乎其间，《诗》里所谓"愿言则嚏"，可知即在古时，也只是这样简单解说而已。

与占卜性质略似的还有一种厌殃法(我国古时称为厌胜术),这在中国是最盛行的,甚至用法治病。占卜是推测未来的祸福,厌殃法却是欲把已来的祸患转之为幸福。此种用术治病的人,在英国亦有专门作为职业,男女都有,大家称他们做"草药郎中"(herbalist)。如他们治人烫伤时,先向患处连吹三次,然后口里念着:

我今来此治烫伤,死人若知活人苦,烫伤之处包清凉。

这种颇像我们中国的祝由科。因为祝由科的治病,也是祝说病由,不劳针石,而其实就是一种厌殃法而已。

此外像治百日咳,他们厌殃的方法很多。譬如将病儿的一小片头发,夹在涂好奶油的两片面包里面,然后拿去给狗吃,咳病就会传给狗了。这种正如中国人之出卖重伤风,那手续还要简单,只要用一张小红纸条写上"出卖重伤风"五字,贴在厕所或车站众人麕集常见之处，哪一个不当心见了，据说重伤风便会传给他的。

还有像除肉瘤的，他们的厌殃法更多，最普通的是将肉瘤数清，然后把它们和另外可以烂掉或抛掉的同数东西，象征的联合在一起，据说就可将肉瘤移去。譬如说，用一包小石子，数目与肉瘤相同，随便抛掉；然后有人如果拾去那包小石子，肉瘤就移给那个人了。还有一种是用缝针，次第刺入每一个肉瘤，然后把它种在槐树上，据说也可把肉瘤消失。后那一个方法我们中国也有的，不过他不是把针种在槐树上，而是将针刺在墙砖上，好像瘤有多少，刺在砖上的次数也是多少，意思让瘤移刺于砖上。

但如上面所述还不过是一种咒语与动作，即使不灵，也不至于伤生，有一种却常常喜欢用些毫无根据的土药，如“灰茶”之类，就是把东西烧剩的灰放在茶里，这在中国是很普遍的，而在英国也是如此。他们认为这种灰茶给小儿喝了，可以预除气胀和肚痛。甚至

1927年里兹地方，竟有人用水吞服猪爪熬煎后磨成的粉，以治糖尿症的，结果终于暴死，那不能不说因避祸而反生祸了。

此外还有一种护身物的，其目的也无非厌殃与避辟。据我所知，中国人在身上备护身物是很少的，只有小孩在项上戴一种项圈（女子只作为装饰品），算是可以长寿，然而也极不普遍，尤其在现在则更为少有。可是这在英国却大不相同了，据伦敦一位医师统计，他所诊察的各学校里面，学童有百分之四十以上在衣服下面戴着护身物的。这种护身物向来藏在隐蔽之处，并不显示于人，普通所用的是一串特制的蓝珠子，云有防止胸部病痛之功。戴上以后，即永不得取下，甚至连洗澡的时候，也是如此，否则据说要患伤风呢。

这不仅学童是如此，成人男女亦莫不皆然。他们报纸上记载淹死的人或被谋害的人，身上总常常能够找到这种护身物的，不过名目不一，或者是一种钱币，或者是一种豆类，或者像一种证章，做出各种各样的形状。又有一种小孩头上的胎膜，据说可使人不至溺毙，这在中国人看来，不会相信有这样妙用的。

总之，英国人的迷信是很多的，说起来真是可以写成一部大书，这里只是随便引谈，不能遍及，欲窥全豹，还非长时间搜集不可，本文就在这里带住了罢。

图书在版编目（CIP）数据

神仙鬼怪：小精装校订本／杨荫深编著．—上海：上海辞书出版社，2020
（事物掌故丛谈）
ISBN 978-7-5326-5598-4

Ⅰ．①神… Ⅱ．①杨… Ⅲ．①神—文化—中国—通俗读物 Ⅳ．①B933-49

中国版本图书馆CIP数据核字（2020）第100037号

事物掌故丛谈
神仙鬼怪（小精装校订本）
杨荫深　编著

题　　签　邓　明　篆　　刻　潘方尔
绘　　画　赵澄襄　英　　译　秦　悦

策划统筹　朱志凌　责任编辑　朱志凌　特约编辑　徐　盼
整体设计　赵　瑾　版式设计　姜　明　技术编辑　楼微雯

出版发行　上海世纪出版集团
　　　　　上海辞书出版社（www.cishu.com.cn）
地　　址　上海市陕西北路457号（邮编　200040）
印　　刷　上海雅昌艺术印刷有限公司
开　　本　889×1194毫米　1/32
印　　张　6.25
插　　页　4
字　　数　82 000
版　　次　2020年8月第1版　2020年8月第1次印刷
书　　号　ISBN 978-7-5326-5598-4/B・330
定　　价　49.80元